IANUA NOVA

Beiheft zu Ausgabe A/Teil I

Vokabeln · Erläuterungen

Vandenhoeck & Ruprecht in Göttingen

e-, a-, : ba

i, kon-, gem-, : e ba

Horst Holtermann / Hans Baumgarten

IANUA NOVA

Beiheft zu Ausgabe A / Teil I

Vokabeln · Erläuterungen

8. Auflage

VANDENHOECK & RUPRECHT IN GÖTTINGEN

8. Auflage 1978
Neudruck 1983

— Herstellung: Hubert & Co., Göttingen
ISBN 3-525-71359-2

Lieber Lateinschüler!

Mit dem neuen Buch **IANUA NOVA** wollen wir Dich in die Welt und die Sprache der Römer einführen.

Wie Du dazu die verschiedenen Texte und Aufgaben des Lehrbuchs bearbeiten sollst, das wird Dir Dein Lateinlehrer bald zeigen, Schritt für Schritt. Wie Du aber aus diesem **Beiheft** lernen sollst, das erklären wir Dir hier.

Das Beiheft enthält zu jeder Lektion des Lehrbuchs die nötigen **Vokabeln.** Das kennst Du vielleicht aus dem Englischunterricht. Wir haben aber die Vokabeln zu einer Lektion möglichst auf einer Seite zusammengefaßt. Das hat einen großen Vorteil. Nehmen wir an, Du sollst einen Abschnitt übersetzen, in dem mehrere Dir noch unbekannte Vokabeln vorkommen. Dann öffnest Du das Beiheft auf der betreffenden Seite und legst es oder stellst es auf ein Lesepult vor Dich hin. Jetzt kannst Du anfangen, im Lehrbuch zu lesen und zu übersetzen. Und immer, wenn Du auf eine unbekannte Vokabel stößt, kannst Du sie im Beiheft ohne Umblättern nachsehen. Denn dort stehen die Vokabeln der Reihe nach, so wie sie im Lehrbuch vorkommen.

Wenn Ihr so die Stücke übersetzt habt, wird Euer Lateinlehrer Euch die Vokabeln in Portionen zum **Lernen** aufgeben. Dafür haben wir sie am Rande durchnumeriert. Die Aufgabe zur nächsten Stunde kann also lauten: Vok. 1,1—15. Dann siehst Du auf Seite 5 dieses Heftes, daß Du „currit“ bis „victor“ lernen sollst.

Wie man die Vokabeln am besten lernt, das wird Euer Lateinlehrer mit Euch besprechen und üben. Am Ende dieser Übungen muß jeder den Weg gefunden haben, auf dem er selbst am schnellsten und sichersten lernt. Stets muß man aber dabei die lateinischen Vokabeln **mindestens dreimal laut sprechen.**

Für **viele** der lateinischen Wörter mußten wir Dir **mehrere deutsche Bedeutungen** angeben. Die mußt Du dann alle lernen. Auch das kennst Du vielleicht aus dem Englischunterricht. Nur selten deckt sich ja ein Wort aus der einen Sprache (z. B. *island* oder insula) mit genau einem Wort aus der anderen Sprache (hier: Insel). Meist muß man mit mehr Bedeutungen rechnen. Das macht das Erlernen fremder Sprachen ja gerade so interessant. Beim Übersetzen eines lateinischen Satzes mußt Du nämlich versuchen, unter den angegebenen Bedeutungen diejenige herauszufinden, die das fragliche lateinische Wort im Deutschen am besten wiedergibt. Dabei darfst Du ruhig einmal eine Bedeutung ausprobieren, die wir nicht in das Verzeichnis aufgenommen haben. Nur mußt Du mit ihr den Sinn des Satzes dann noch besser wiedergeben können.

Am Ende jeder Seite im Beiheft findest Du **Englische Parallelen** (abgekürzt „Engl.“) zu einigen der neuen lateinischen Wörter. Da kannst Du die Verbindungen selbst suchen. Z. B. steht auf Seite 5 unten: *to serve* (das gehört zu Nr. 5: servus), *victory* (zu Nr. 15: victor) und *labour* (zu Nr. 24: labor, aber wohl auch zu Nr. 22: laborat). Die Wörter sind sprachverwandt und bedeutungsverwandt, aber natürlich nicht bedeutungsgleich. Und wenn man die Verwandtschaft zweier Wörter kennt, behält man beide besser.

Ab Lektion 8 erscheinen oben auf der Seite Dir schon bekannte **lateinische Wörter zur Wiederholung** (abgekürzt „Wdh."). Du sollst sie Dir in ihrer Bedeutung noch einmal klarmachen, bevor Du an das Lernen der neuen Wörter gehst, auch wenn Dein Lateinlehrer dies einmal nicht besonders als Aufgabe gestellt hat. Denn von diesen bekannten Wörtern her werden in der Lektion neue abgeleitet. Und wieder gilt: Wer die Verwandtschaft zweier Wörter kennt, behält beide besser. Z.B. in Lektion 10 stehen oben als bekannte Wörter: inde (dazu Nr. 2: deinde), quando (dazu Nr. 4: aliquando), fugere (dazu Nr. 8: fuga) usw.

Ab Lektion 18 erscheinen gelegentlich auch Übungen zur **Wortkunde** (abgekürzt „Wk."), die Euer Lateinlehrer mit Euch durchnehmen wird. Das hat also noch Zeit.

Wer möglichst viele lateinische Wörter kennt und etwas von den Bauformen lateinischer Sätze versteht, der kann bald Latein. Und Latein können, das ist schon eine schöne Sache!

Wenn Du aber einmal in einem lateinischen Text eine Vokabel findest, die Du früher gelernt, aber jetzt wieder vergessen hast, dann schlag im **Alphabetischen Wörterverzeichnis** nach. Das findest du **im Lehrbuch** auf Seite 122ff. Dort findest Du das betreffende Wort, seine Bedeutungen und eine Zahl dazu. Sie verweist Dich auf die Lektion, unter der Du im Beiheft die Vokabel erläutert findest. Aber leichter hat es, wer von Anfang an richtig lernt. Der braucht dann später nicht zu blättern.

Im Beiheft findest Du ferner auf Seite 40ff. **Erläuterungen zu den Bildern des Lehrbuchs.** Bilder im Text, die eine Geschichte illustrieren, verstehst Du vielleicht ohne weiteres. Doch die Bildtafeln im Anhang des Lehrbuchs wirst Du wohl kaum voll verstehen können, wenn Du dazu nicht das Beiheft aufschlägst, liest und vergleichst. Dabei wirst Du sicher viel Interessantes entdecken. Das und natürlich viel Freude am Lateinunterricht wünschen Dir

Herausgeber und Verfasser der
IANUA NOVA

VOKABELN

1

A	currit	(er) läuft; (sie) läuft; (es) läuft
	venit	(er, sie, es) kommt
	dominus	der Herr, ein Herr
	imperat	(er) befiehlt
5	servus	Knecht, Sklave
	pāret	(er) gehorcht
	domina	Herrin
	vocat	(er) ruft; nennt
	ancilla	Magd; Sklavin
10	audit	(er) hört
	īnsula	Insel
	est	(er) ist
	fluvius	Fluß
	vincit	(er) siegt; (er) besiegt
15	victor	Sieger
	gaudet	(er) freut sich
	nōn	nicht
	dolet	(er) ist betrübt; (er) bedauert
	spēs (f.)	Hoffnung
20	saepe *(Adverb)*	oft
	fallit	(er) täuscht; (er) enttäuscht
B	labōrat	(er) arbeitet; (er) müht sich
	laudat	(er) lobt
	labor	Mühe; Arbeit; Not
25	placet	(er) gefällt
	ōrātor	Redner
	nārrat	(er) erzählt
	imperātor	1. Feldherr 2. Kaiser
	et	1. und 2. auch
30	canit	(er) singt
	interrogat	(er) fragt
	respondet	(er) antwortet
	terra	Erde; Land
	diēs (m.)	Tag
35	fābula	Geschichte; Fabel
	dēlectat	(er) erfreut
	equus	Pferd
	quis?	wer?
	quid?	was?

Englische Parallelen: to serve, victory, labour, territory.

2

A	quem?	wen?
	sed	aber; sondern
	āmittit	(er) läßt los; verliert
	novus, nova	neu
5	bonus, bona	gut
	libenter *(Adv.)*	gern
	semper *(Adv.)*	immer
	malus, a	schlecht; böse; schlimm
	quō?	wohin?
10	ad *m. Akk.*	zu; bei
	hortus	Garten
	portat	(er) trägt
	magnus, a	groß; stark
	parvus, a	klein; gering
15	intrat	(er) tritt ein; betritt
	per *m. Akk.*	durch ... (hindurch)
	amīcus	Freund
	videt	(er) sieht
	vīlla	Landhaus; Gutshaus
20	cēna	Essen
	porta	Tür; Tor
	in *m. Akk.*	in ... (hinein); gegen
	nāvigat	(er) segelt
	ambulat	(er) geht spazieren
25	quamdiū?	wie lange?
	ūnus, a	ein; ein einziger
	tōtus, a	ganz
B	agricola **m.**	Bauer; Landwirt
	gallus	Hahn
30	salūtat	(er) grüßt; begrüßt
	apportat	(er) trägt herbei; bringt
	puella	Mädchen
	cibus	Essen; Futter
	timet	(er) fürchtet; fürchtet sich
35	volat	(er) fliegt
	dēvorat	(er) frißt
	aula	Hof
	fugit	(er) flieht; meidet
	capit	(er) faßt; nimmt; fängt
40	vīsitat	(er) besucht
	fenestra	Fenster
	spectat	(er) betrachtet; schaut
	amīca	Freundin
	columba	Taube
45	fēstus, a	festlich, Fest-
	celebrat	(er) feiert; preist
C	quid? *(Akk.)*	was?

Engl.: new, to enter, village, total, to visit, spectator.

3

Die Formen der 3. Pl. der in 1—3 gelernten Verben lauten:

est	—	sunt (sie sind)	currit	—	currunt
spectat	—	spectant	cōnsīdit	—	cōnsīdunt
vocat	—	vocant *etc.*	ascendit	—	ascendunt
			agit	—	agunt
videt	—	vident	caedit	—	caedunt
gaudet	—	gaudent *etc.*	trahit	—	trahunt
			lūdit	—	lūdunt
audit	—	audiunt	vincit	—	vincunt
venit	—	veniunt	canit	—	canunt
pūnit	—	pūniunt *etc.*	āmittit	—	āmittunt
			dīcit	—	dīcunt

capit	—	capiunt
fugit	—	fugiunt
cupit	—	cupiunt

A	nam	denn
	tum	damals; dann; darauf
	etiam	auch; sogar
	ōrat	(er) redet; bittet
5	līberī *(Pl.)*	Kinder
	cōnsīdit	(er) setzt sich; läßt sich nieder
	valdē *(Adv.)*	sehr
	multī, multae	viele
	amat	(er) liebt
10	itaque	daher; deshalb
	dīcit	(er) sagt
	rēs, rem f.	Besitz; Sache; Ding
	cupit	(er) begehrt; wünscht
	sevērus, a	streng
15	pūnit	(er) bestraft
	vituperat	(er) tadelt
B	longus, a	lang; weit
	silva	Wald
	campus	Feld; freier Platz
20	fēriae	Ferien
	iūcundus, a	angenehm
	nunc *(Adv.)*	jetzt; nun
	lūdit	(er) spielt
	arbor, arborem **f.**	Baum
25	locus	Ort; Platz; Stelle
	apertus, a	offen
	ibi *(Adv.)*	dort
	altus, a	1. hoch 2. tief
	ascendit	(er) besteigt; steigt hinauf
30	terret	(er) erschreckt
	laetus, a	fröhlich
	via	Weg; Straße
	agit	(er) treibt; betreibt; verhandelt
	caedit	(er) fällt; tötet
35	vesper, vesperum m.	Abend
	sub vesperum	gegen Abend
	trahit	(er) zieht; schleppt
	equitat	(er) reitet
	incola **m.**	Einwohner

Engl.: to punish, long, camp, terrible, to act.

4

	est	sunt	esse
-ā-	:nārrat	nārrant	nārrāre
-ē-	:videt	vident	vidēre
-ī-	:audit	audiunt	audīre
konsonantisch	:currit	currunt	currere
gemischt	:capit	capiunt	capere
	fugit	fugiunt	fugere
	cupit	cupiunt	cupere

A	potest	(er) kann
	dēbet, dēbēre	(er) muß; schuldet; verdankt
	nōn dēbet	(er) darf nicht
	inde *(Adv.)*	daher; von dort
	sinit, sinere	(er) läßt; läßt zu
5	iubet, iubēre	(er) befiehlt; fordert (auf)
	cōnscendit, cōnscendere	(er) besteigt
	vetat, vetāre	(er) verbietet; hindert
	tandem *(Adv.)*	endlich
	clāmat, clāmāre	(er) schreit; ruft
10	fīlius	Sohn
	vult	(er) will
B	carrus	Karren
	cūnctī, ae	alle
	fīnit, fīnīre	(er) beendet
15	-que *(angehängt)*	und
	hōra	Stunde
	vespertīnus, a	abendlich; Abend-
	adest, adsunt, adesse	(er) ist da; ist anwesend; hilft
	post *m. Akk.*	hinter; nach
20	et ... et	sowohl ... als auch
	ante *m. Akk.*	vor
	māter	Mutter
	mēnsa	Tisch
	pūrgat, pūrgāre	(er) säubert
25	aqua	Wasser
	calidus, a	warm
	soror, sorōrem f.	Schwester
	convīva *m.*	Gast
	invītat, invītāre	(er) lädt ein
30	scit, scīre	(er) weiß
	aegrōtus, a	krank
	tumulus	Hügel
	situs, a	liegend; gelegen
C	plānitiēs, plānitiem f.	Ebene
35	fīdus, a	treu
	properat, properāre	(er) eilt
	hodiē *(Adv.)*	heute
	morbus	Krankheit
	medicus	Arzt
40	familia	Hausgemeinschaft *(Eltern, Kinder u. Sklaven)*

Engl.: car, finally, hour, mother, to invite, plain, family.

5

A		corōna	Kranz
		ōrnat, ōrnāre	ausrüsten; schmücken
		alius, a	ein anderer
		cum *m. Abl.*	mit
	5	calor, calōrem, calōre m.	Wärme
		fatīgat, fatīgāre	müde machen
		lectus	Bett; Sofa
		ē, ex *m. Abl.*	aus
		in *m. Abl.*	in (wo?)
	10	sub *m. Abl.*	unter (wo?)
		sub *m. Akk.*	unter (wohin?)
		ā, ab *m. Abl.*	von
		merīdiēs, merīdiem, -iē m.	Mittag
		ūsque ad *m. Akk.*	bis zu
	15	surgit, surgere	aufstehen
		grātia	Beliebtheit; Dank; Gunst
		grātiās agere	danken
B		dēnsus, a	dicht
		iacet, iacēre	liegen
		dē *m. Abl.*	von; von . . . herab; über
	20	dēvolat, dēvolāre	herabfliegen
		līberat, līberāre	befreien
		avia	Großmutter
		lātus, a	breit
		viā lātā	auf der breiten Straße
		vīcus	Dorf
	25	migrat, migrāre	wandern
		dūcit, dūcere	1. ziehen; führen 2. meinen
		flōs, flōrem, flōre m.	Blume
		colligit, colligere	sammeln
		sine *m. Abl.*	ohne
	30	longē *(Adv.)*	weit; bei weitem
		abest, absunt, abesse	entfernt sein; fehlen
		subitō *(Adv.)*	plötzlich
		dēest, dēsunt, dēesse	fehlen
		vēnātor, vēnātōrem, -e	Jäger
	35	lupus	Wolf
		exīstimat, exīstimāre	einschätzen; meinen
		necat, necāre	töten
		ita *(Adv.)*	so; folgendermaßen
C		quā rē?	wodurch? womit?
	40	quōcum?	mit wem?
		unde?	woher?
		ubi?	wo?
		quandō?	wann?

Engl.: crown, flower, to collect.

6

Nom.	ego	*ich*	tū	*du*	nōs	*wir*	vōs	*ihr*	quis?
Akk.	mē	*mich*	tē	*dich*	nōs	*uns*	vōs	*euch*	quem?
Abl.	ā mē	*von mir*	ā tē	*von dir*	ā nōbīs	*von uns*	ā vōbīs	*von euch*	ā quō?
	mēcum	*mit mir*	tēcum	*mit dir*	nōbīscum	*mit uns*	vōbīscum	*mit euch*	quōcum?

A	circus	Zirkus
	cūr?	warum?
	tam *(Adv.)*	so
	pulcher, pulchra	schön
5	sedeō, sedēre	sitzen
	iam *(Adv.)*	schon; gleich; jetzt
B	domī *(Adv.)*	zu Hause
	-ne *(angehängt)*	*(Fragepartikel)*
	somnus	Schlaf
10	pater, patrem, patre	Vater
	māter, mātrem, mātre	Mutter
	populus	Volk
	pūblicus, a	öffentlich
	rēs pūblica	Staat; Republik; Politik
15	vir, virum, virō	Mann
	cōnstō, cōnstāre	1. bestehen 2. feststehen; bekannt sein 3. kosten
	cōnsul, cōnsulem, cōnsule	Konsul
	quotannīs *(Adv.)*	jedes Jahr
	creō, creāre	1. wählen 2. erschaffen
20	duo *(Nom.)*; duōs *(Akk.)*	zwei
	administrō, administrāre	verwalten; leiten
	puer, puerum, puerō	Junge
	dēscendō, dēscendere	hinabsteigen
	Rōmam	nach Rom
25	dūc!	führe!
	rīdeō, rīdēre	lachen
C	vīcīnus, a	benachbart
	vīcīnus	Nachbar
	vīta	Leben
	vītam agere	ein Leben führen
E	māne *(Adv.)*	früh; am Morgen
30	senātor, -em, -e	Senator
	compleō, complēre	anfüllen; füllen
	clāmor, -em, -e	Geschrei
	stō, stāre	stehen
	moneō, monēre	erinnern; ermahnen
35	probus, a	anständig; ordentlich
	discordia	Streit; Zwietracht
	perniciēs, perniciem, -iē	Verderben
	servō, servāre	retten; bewahren
	dēterreō, dēterrēre	abschrecken
40	bene *(Adv.)*	gut
	postrīdiē *(Adv.)*	am folgenden Tag

Engl.: circus, father, people, to descend, to stay.

7

A	numquam (*Adv.*)	niemals
	relinquō, -ere	verlassen; zurücklassen
	interdum (*Adv.*)	manchmal
	an?	etwa? oder?
B	vīvō, -ere	leben
	dolus	List
	inveniō, -īre	finden; entdecken
	cautus, a	vorsichtig
	paulō post (*Adv.*)	etwas später
10	tuus, a	dein
	cognōscō, -ere	erkennen; erfahren; kennenlernen
	accurrō, -ere	herbeilaufen
	habeō, -ēre	1. haben 2. halten für
	vae!	wehe! Hilfe!
15	rapiō, -ere	rauben; reißen
	tamen	dennoch
	cōgō, -ere	1. zwingen 2. versammeln
	speciēs, -em, -ē	1. Aussehen 2. Gestalt
	praebeō, -ēre	bieten; zeigen
20	custōdiō, -īre	bewachen; hüten
	statim (*Adv.*)	sofort
	num?	etwa?
	dormiō, -īre	schlafen
	mī fīlī!	mein Sohn (*Vok.*)
25	exspectō, -āre	erwarten
	lūdus	Spiel; Wettkampf; Schule
	nōnne?	... (etwa) nicht?
	claudō, -ere	abschließen; einschließen
	aperiō, -īre	öffnen
30	moveō, -ēre	bewegen; veranlassen
E	frāter, -trem, -tre	Bruder
	rēgnō, -āre	regieren
	fīlia	Tochter
	deus	Gott
35	pellō, -ere	stoßen; schlagen; vertreiben
	prope *m. Akk.*	(nahe) bei
	pāstor, -em, -e	Hirt
	casa	Hütte
	cūra	Sorge; Pflege
40	posteā (*Adv.*)	danach; später
	cadō, -ere	fallen
	aedificō, -āre	bauen
	mūrus	Mauer
	salvē! salvēte!	Guten Tag!
45	suus, a	sein; ihr

Engl.: cautious, special, to expect, to move.

8

Wiederholung bereits gelernter Vokabeln: terrere, laetus, victor, salve, sedere, capere.

mihi *mir* tibi *dir* nōbīs *uns* vōbīs *euch* cui? *wem?*

esse *m. Dat* 1. (*Besitzer* = gehören) haben; besitzen
2. (*Zweck* = dienen zu) bringen; machen

A	avunculus	Onkel; Oheim
	dō, dare	geben
	meus, a	mein
	legiōnārius	Legionssoldat
5	terror, terrōrī, -em, -e m.	Schrecken
	dīc!	sag!
	īgnōtus, a	unbekannt
	nūntiō, -āre	melden
	vester, vestra	euer
10	nōn iam *(Adv.)*	nicht mehr
	ecce!	da! sieh! bitte!
	laetitia	Fröhlichkeit
	victōria	Sieg
	salvus, a	wohlbehalten; unversehrt
15	salūs, salūtī, -em, -e f.	1. Wohlbefinden 2. Rettung; Heil
	cūrae esse	am Herzen liegen
B	cōpia	Menge; Vorrat
	cōpiae	Truppen; Vorräte
	hostis, hostī, -em, -e m.	Feind
20	īnsidiae	Falle; Hinterhalt
	parō, -āre	vorbereiten; verschaffen
	aciēs, aciēī, -em, -ē	1. Heer (in Schlachtordnung); Schlacht 2. Schärfe
	noster, nostra	unser
	pūgna	Kampf; Schlacht
25	praeda	Beute
	triumphus	Triumphzug
	glōria	Ruhm
	honor, honōrī, -em, -e m.	Ehre; Ehrenamt
	autem	jedoch; aber
30	taberna	Schenke
	appropinquō, -āre	sich nähern
E	veterānus	Veteran *(entlassener Soldat)*
	lēgātus	1. Legat *(Offizier)* 2. Gesandter
	īnstruō, -ere	1. aufstellen 2. ausrüsten; unterrichten
35	mīles, mīlitī, -em, -e	Soldat
	certē *(Adv.)*	sicher; bestimmt
	submittō, -ere	zu Hilfe schicken
	captīvus	Gefangener

Engl.: uncle, victory, safe, to save, honour, certainly.

9

Wdh.: complere, timere, locus, sinere, pater, magnus, stare, deus, cupere, cautus, ignotus.

A_1	cuius?	wessen?
	tertius, a	der dritte
	plēnus, a	voll
	timor, timōris m.	Furcht
5	animus	Geist; Herz; Mut *(oft nicht übersetzt)*
	saevus, a	wütend; wild
	īgnōrō, -āre	nicht kennen; nicht wissen
	nōn īgnōrāre	genau kennen; genau wissen
	memoria	Erinnerung; Gedächtnis
	adversus, a	entgegen(stehend); widrig; ungünstig
10	rēs adversae	Unglück
A_2	iūrgō, -āre	streiten
	liber, librī m.	Buch
	collocō, -āre	aufstellen; legen
	stultus, a	töricht; dumm
15	quaerō, -ere	suchen; fragen
	dēsinō, -ere	aufhören
B	patria	Vaterland
	littera	Buchstabe
	litterae, -ārum	1. Brief 2. Wissenschaften 3. Buchstaben
	tabula	Tafel; Gemälde
20	magister, magistrī	Lehrer
	mōnstrō, -āre	zeigen
	ōceanus	Ozean
	schola	Schule
	statua	Statue; Standbild
25	pōnō, -ere	setzen; stellen; legen
	dea	Göttin
	septimus, a	der siebte
	cupidus, a *m. Gen.*	begierig nach
D	incautus, a	unvorsichtig
E	cēterī, ae	die anderen; die übrigen
	nōtus, a	bekannt

Engl.: third, memory, letter, table, master, ocean, school.

10

Wdh.: inde, quando, fugere, vocare, appropinquare.

Stammformen

laudō	laudāvī	laudātum	laudāre	loben
Ebenso alle Verben auf **-āre,** *soweit keine anderen Stammformen angegeben*				
moneō	monuī	monitum	monēre	erinnern; ermahnen
Ebenso alle Verben auf **-ēre,** *soweit keine anderen Stammformen angegeben*				
audiō	audīvī	audītum	audīre	hören
Ebenso alle Verben auf **-īre,** *soweit keine anderen Stammformen angegeben*				
sum	fuī	—	esse	sein; vorhanden sein
adsum	adfuī	—	adesse	anwesend sein; helfen
dēsum	dēfuī	—	dēesse	fehlen
Die Perfektform auf **-vī** *bilden ferner:*				
cupiō	cupīvī	cupītum	cupere	begehren; wünschen
compleō	complēvī	complētum	complēre	füllen; anfüllen
sinō	sīvī	situm	sinere	lassen; zulassen
Die Perfektform auf **-uī** *bilden ferner:*				
pōnō	posuī	positum	pōnere	setzen; stellen; legen
rapiō	rapuī	raptum	rapere	rauben; reißen
aperiō	aperuī	apertum	aperīre	öffnen
Die Perfektform durch Verdoppelung **(Reduplikation)** *bilden:*				
pellō	pepulī	pulsum	pellere	stoßen; schlagen; vertreiben
fallō	fefellī	—	fallere	täuschen; enttäuschen
dō	dedī	d**a**tum	d**a**re	geben
currō	cucurrī	—	currere	laufen
cadō	cecidī	—	cadere	fallen
canō	cecinī	—	canere	singen

A_1		iterum *(Adv.)*	wiederum; zum zweiten Mal
A_2		deinde *(Adv.)*	darauf; ferner
		herī *(Adv.)*	gestern
		aliquandō *(Adv.)*	einst; einmal
	5	rūrsus *(Adv.)*	rückwärts; wieder
		anteā *(Adv.)*	vorher; früher
		hostis, hostis *Gen. Pl.:* host**ium**	Feind
		fuga	Flucht
		in fugam dare	in die Flucht schlagen
A_3		excitō, -āre	ermuntern; aufscheuchen
	10	prīmus, a	erster
		frūstrā *(Adv.)*	vergeblich
		causa	Grund; Ursache
		causā *nach dem Gen.*	wegen
B		ōlim *(Adv.)*	einst
		rēx, rēgis m.	König
	15	ultimus, a	der äußerste; der letzte
		superō, -āre	überwinden; besiegen
		lēx, lēgis f.	Gesetz
		vōx, vōcis f.	Stimme; Wort
		summus, a	der oberste; der höchste
	20	nōn modo ... sed etiam	nicht nur ... sondern auch
		praeter *m. Akk.*	außer; an ... vorbei

C	clārus, a	1. klar 2. berühmt
	ager, agrī m.	Acker; Feld
E	corvus	Rabe
25	vulpēcula	Fuchs
	oculus	Auge
	proximus, a	der nächste; vorhergehende; folgende
	quam *(bei Vergleichen)*	wie; als
	penna	Feder
30	imperītus, a *m. Gen.*	unerfahren in etw.

11

Wdh.: currere, notus, ignotus, dare, quam, vocare, potest, volare, devolare, domi, vir, submittere, pugna, cura, liberare, liberi, audire.

Stammformen

	absum	āfuī	—	abesse	entfernt sein; fehlen
	accurrō	**accurrī**	—	accurrere	herbeilaufen
	cognōscō	cognōvī	cognitum	cognōscere	kennenlernen; erkennen; erfahren
neu ►	dēleō	dēlēvī	dēlētum	dēlēre	zerstören; vernichten
	quaerō	quaesīvī	quaesītum	quaerere	suchen; fragen
neu ►	addō	addidī	additum	addere	hinzufügen

A	taceō, -ēre	schweigen
	quod	da; weil
	nihil	nichts; gar nicht
	nisi	1. wenn nicht 2. außer
5	quamquam	obgleich; obwohl
	ubi	sobald
	postquam *m. Perf.*	nachdem; seitdem
	advocō, -āre	herbeirufen
	ut	wie
10	sī	wenn; falls
	possunt	sie können
	inquit	sagt er; sagte er
B	advolō, -āre	herbeifliegen
	bēstia	Tier; wildes Tier
15	domum *(Adv.)*	nach Hause
	arceō, -ēre	abwehren;fernhalten
	virtūs, virtūtis f.	Tapferkeit; Tugend
	propter *m. Akk.*	wegen
	nox, noctis f.	Nacht
20	armātus, a	bewaffnet
	clam *(Adv.)*	heimlich
	mittō, -ere	loslassen; schicken
	expūgnō, -āre	erobern
	temptō, -āre	versuchen
C	mercātor, mercātōris m.	Kaufmann
	līber, lībera	frei
	licet, -ēre	erlaubt sein; man darf
E	aestās, aestātis f.	Sommer
	hiems, hiemis f.	1. Winter 2. Sturm
30	vexō, -āre	quälen; bedrängen
	molliō, -īre	erweichen
	oboediō, -īre	gehorchen

Engl.: absent, night, to attempt.

12

Wdh.: aedificare, canere, res, pugna, expugnare, postea, postquam, postridie, longus, longe, clarus, imperator, imperare, quotannis.

A	forum, forī n.	Markt; Marktplatz
	aedificium	Gebäude
	templum	Tempel
	cum *(iterativ)*	(jedesmal) wenn
5	bellum	Krieg
	gerō, -ere	tragen; (aus)führen
	auxilium	Hilfe
	legō, -ere	sammeln; lesen; auslesen
	nōmen, nōminis, n.	Name
10	prō *m. Abl.*	vor; für; anstatt
	poēta, -ae **m.**	Dichter
	carmen, carminis n.	Spruch; Gedicht; Lied
	opus, operis n.	Werk; Schanzarbeit
	recitō, -āre	vorlesen
15	rēs gestae	Taten
	tempus, temporis n.	Zeit
B	antīquus, a, um	alt
	aurum	Gold
	pūgnō, -āre	kämpfen
20	paucī, ae, a	wenige; einige
	post *(Adv.)*	danach; später
	longitūdō, longitūdinis f.	Länge
	oppidum	(Klein)stadt
	castellum	Festung; Kastell
E	praeclārus, a, um	glänzend; ausgezeichnet
	perīculum	Gefahr
	flūmen, flūminis n.	Fluß; Strom
	imperium	Befehl; Befehlsgewalt; Herrschaft; Reich
	trāns *m. Akk.*	über; jenseits
30	annus	Jahr
	firmus, a, um	fest; zuverlässig
	līmes, līmitis m.	Grenzwall
	pertineō, -ēre	sich erstrecken; sich beziehen
	reliquiae, -ārum	Reste
35	vallum	Wall
	nātus, a, um	geboren
	post Christum nātum	nach Christi Geburt
	saeculum	Zeitalter; Jahrhundert

Engl.: poet, castle, empire, firm, wall.

13

Wdh.: vita, reliquiae, animus, victor, victoria, rex, orare, orator, imperare, imperium, imperator, navigare, gaudere, fidus.

Stammformen mit s-Perfekt

	vīvō	vīxī	vīctum	vīvere	leben
	mittō	mīsī	missum	mittere	loslassen; schicken
				āmittere	verlieren; loslassen
				submittere	zu Hilfe schicken
	iubeō	iussī	iussum	iubēre	befehlen; (auf)fordern

Dehnungsperfekt

	veniō	vēnī	ventum	venīre	kommen
neu ►	faciō	fēcī	factum	facere	machen; tun; herstellen
neu ►	interficiō	interfēcī	interfectum	interficere	töten
	relinquō	relīquī	relictum	relinquere	verlassen; zurücklassen

Perfekt ohne Veränderung des Stammes: **Stammperfekt**

	ascendō	ascendī	ascēnsum	ascendere	besteigen; hinaufsteigen
	dēscendere: hinabsteigen — cōnscendere: besteigen				
neu ►	animadvertō	animadvertī	animadversum	animadvertere	1. bemerken 2. einschreiten
neu ►	metuō	metuī	—	metuere	fürchten
neu ►	dēfendō	dēfendī	dēfēnsum	dēfendere (ab)	verteidigen (gegen)

Weitere Stammformen in der Reihenfolge des Vorkommens:

	inveniō	invēnī	inventum	invenīre	finden; entdecken
neu ►	intersum	interfuī	—	interesse	1. dazwischen sein 2. beiwohnen; teilnehmen
	vincō	vīcī	victum	vincere	siegen; besiegen
	videō	vīdī	vīsum	vidēre	sehen
neu ►	regō	rēxī	rēctum	regere	regieren; lenken
neu ►	maneō	mānsī	mānsum	manēre	bleiben; erwarten
	dūcō	dūxī	ductum	dūcere	1. ziehen; führen 2. meinen
	trahō	trāxī	tractum	trahere	ziehen; schleppen
	dīcō	dīxī	dictum	dīcere	sagen
neu ►	recēdō	recessī	recessum	recēdere	zurückgehen; weichen

A	ōrāculum	Orakel
	imperātum	Befehl
	imperāta facere	Befehle ausführen
	verbum	Wort
	verba facere	sprechen; reden
B	nāvigium	Schiff
5	lītus, lītoris n.	Strand
	celeritās, celeritātis f.	Schnelligkeit
	sē (*Akk. u. Abl.*)	sich
	occultō, -āre	verbergen
E	līgneus, a, um	hölzern
10	uxor, uxōris f.	Gattin
	sēcum	mit sich
	decem	zehn
	callidus, a, um	schlau
	gaudium	Freude
15	dōnum	Geschenk
	fidēs, fideī f.	Treue; Vertrauen; Schutz
	fidem habēre	Glauben schenken

Engl.: to defend, interest, verb.

14

Wdh.: constare, considere, fuga, ludus, sinere, timere, timor, mittere, amittere, submittere, fallere, defendere, armatus.

Stammformen bekannter Verben:

stō	stetī	statum	stāre	stehen
sedeō	sēdī	sessum	sedēre	sitzen
respondeō	respondī	respōnsum	respondēre	antworten
fugiō	fūgī	fugitum	fugere	1. fliehen 2. meiden
lūdō	lūsī	lūsum	lūdere	spielen
capiō	cēpī	captum	capere	fassen; nehmen; fangen
dēsinō	dēsii	—	dēsinere	aufhören

A₁	diū *(Adv.)*	lange
	timidus, a, um	ängstlich
	procul *(Adv.)*	fern; von ferne
	mē miserum!	Ich Armer!
5	petō, petīvī, petītum, petere	1. streben nach 2. erbitten 3. losgehen auf
	auxilium ab amīcō petere	den Freund um Hilfe bitten
	gladius	Schwert
	effugiō, effūgī, —, effugere *m. Akk.*	entkommen
	odium	Haß
	prōmittō, prōmīsī, prōmissum, prōmittere	versprechen
10	falsus, a, um	falsch
	fātum	Götterspruch; Schicksal
A₂	septem	sieben
	sex	sechs
	cum *(inversivum)*	als (plötzlich)
15	offendō, offendī, offēnsum, offendere	anstoßen; verletzen; beleidigen
	audācia	1. Kühnheit 2. Frechheit
B	patēre	sich erstrecken; offenstehen
	cōnsilium	Beratung; Rat; Plan; Absicht; Einsicht
	Iuppiter, Iovis, Iovī, -em, -e	Jupiter
20	rōbur, rōboris n.	Kraft; Stärke
	corpus, corporis n.	Körper
	contrā *m. Akk.*	gegen
	homō, hominis m.	Mensch; Mann
	posterus, a, um	nachfolgend; später
25	posterī, posterōrum m.	Nachkommen; Menschen späterer Zeiten
E	leō, leōnis m.	Löwe
	vastāre	verwüsten
	arma, armōrum n.	Waffen
	paulātim *(Adv.)*	allmählich
30	vulnerāre	verwunden
	dūrus, a, um	hart
	frangō, frēgī, frāctum, frangere	zerbrechen (= etwas in Stücke brechen: *transitiv)*
	frangor, frāctus sum, frangī	zerbrechen (= in Stücke gehen: *intransitiv)*
	caput, capitis n.	1. Kopf 2. Hauptstadt

Engl.: timid, to promise, false, fate, to offend, lion, arms, capital.

15

Wdh.: cogere, facere, capere, imperitus, custodire, pertinere, homo, servus, iurgare.

Stammformen bekannter Verben:

legō	lēgī	lēctum	legere	sammeln; lesen; auslesen
agō	ēgī	āctum	agere	treiben; betreiben; verhandeln
claudō	clausī	clausum	claudere	abschließen; einschließen
vetō	vetuī	vetitum	vetāre	verbieten

A		discō, didicī, —, discere	lernen
		mālunt	sie wollen lieber
		sibi *(Dat.)*	sich
		parātus, a, um	bereit
	5	atque	und
		fortūna	Schicksal; Glück
		putāre	glauben; meinen; halten für
		facultās, facultātis f.	Möglichkeit; Fähigkeit
B		sentiō, sēnsī, sēnsum, sentīre	1. fühlen; merken 2. meinen
	10	praeceptum	Vorschrift
		perītus, a, um *m. Gen.*	erfahren in
		discēdō, discessī, discessum, discēdere	auseinandergehen; weggehen
		custōs, custōdis m.	Wächter
		retineō, retinuī, retentum, retinēre	zurückhalten
	15	sīgnum	Zeichen; Feldzeichen
		nōnnūllī, ae, a	einige
		ēmigrāre	auswandern
C		exilium	Verbannung
		fāma	Sage; Gerücht; (guter) Ruf
E		labyrinthus	Labyrinth; Irrgarten
		hūmānus, a, um	menschlich
		servīre	dienen; Sklave sein
		iūs, iūris n.	Recht
		potentia	Macht
	25	āla	Flügel
		altum, -ī n.	1. Höhe 2. die hohe See
		sōl, sōlis **m.**	Sonne

Engl.: to close, fortune, sign, to emigrate, human, to serve.

16

Wdh.: potentia, discordia, dolere, dies, firmus, facere, facultas, magnus, unus.

	possum	potuī	—	posse	können
neu ►	prōsum	prōfuī	—	prōdesse	nützen; helfen

Stammformen weiterer Komposita von esse:

	absum	āfuī	—	abesse	entfernt sein; fehlen
	adsum	adfuī	—	adesse	1. anwesend sein
				m. Dat.	2. helfen
	dēsum	dēfuī	—	dēesse	fehlen
	intersum	interfuī	—	interesse	1. dazwischen sein 2. beiwohnen; teilnehmen
neu ►	obsum	obfuī	—	obesse	schaden

Stammformen einiger Verben der gemischten Konjugation:

	capiō	cēpī	captum	capere	fassen; nehmen; fangen
neu ►	accipiō	accēpī	acceptum	accipere	annehmen; aufnehmen; hören
	faciō	fēcī	factum	facere	machen; tun; herstellen
	interficiō	interfēcī	interfectum	interficere	töten
	fugiō	fūgī	fugitum	fugere	1. fliehen 2. meiden
neu ►	iaciō	iēcī	iactum	iacere	werfen
	rapiō	rapuī	raptum	rapere	rauben; reißen
	cupiō	cupīvī	cupītum	cupere	begehren; wünschen

A	plēbs, plēbis f.	Volk; Unterschicht
	concordia	Eintracht
	nēmō *Dat.:* nēminī *Akk.:* nēminem	niemand
	neque	und nicht; aber nicht; auch nicht
5	neque ... neque	weder ... noch
B	adveniō, advēnī, adventum, advenīre	ankommen
	opprimō, oppressī, oppressum, opprimere	unterdrücken; überfallen
	prīmō *(Adv.)*	zuerst
	hasta	Speer
10	dīmicāre	kämpfen
	lapis, lapidis m.	Stein
	proelium	Kampf
	pāx, pācis f.	Friede
	invādō, invāsī, invāsum, invādere	einfallen; eindringen; befallen
E	quattuor	vier
	dolor, dolōris m.	Schmerz
	cottīdiē *(Adv.)*	täglich
	inter *m. Akk.* inter sē	zwischen untereinander
	cōnfirmāre	stärken; versichern; ermutigen
20	virga	Stab
	facile *(Adv.)*	leicht
	coniungō, coniūnxī, coniūnctum, coniungere	verbinden
	maximus	1. d. größte; sehr groß 2. der älteste 3. der wichtigste
	ūnitās, ūnitātis f.	Einheit

Engl.: to accept, peace, unity.

17

Wdh.: vocare, advocare, firmus, confirmare, venire, advenire, causa, pertinere, retinere, monstrare, novus, habere, instruere, stare, ponere, sedere, considere, movere, regere, facere, interficere, flumen, malus.

quī, quae, quod	1. der, die, das 2. welcher, welche, welches 3. aber (und) der, aber die, aber das

A	contrōversia	Streit
	convocāre	zusammenrufen
	firmāre	stärken; versichern; ermutigen
	conveniō, convēnī, conventum, convenīre	1. zusammenkommen; verabredet werden 2. treffen
5	quā dē causā	1. warum 2. (und) darum
	teneō, tenuī, —, tenēre	halten
	attentus, a, um	aufmerksam
	dēmōnstrāre	zeigen; darlegen
	dēnuō *(Adv.)*	von neuem
10	quā ex rē	1. woraus; weswegen 2. (und) daraus; (und) deswegen
B	habitāre	wohnen; bewohnen
	numerus	Zahl; Rang
	in numerō habēre *m. Gen.*	zählen zu
	exstruō, exstrūxī, exstrūctum, exstruere	erbauen
	quoque	auch
E	stabulum	Stall
	impōnō, imposuī, impositum, impōnere	hineinlegen; auferlegen
	dīvitiae, -ārum	Reichtum
	possideō, possēdī, possessum, possidēre	besitzen
	numerāre	zählen
20	immēnsus, a, um	unermeßlich
	removeō, remōvī, remōtum, removēre	entfernen
	regiō, regiōnis f.	Richtung; Gegend
	cōnficiō, cōnfēcī, cōnfectum, cōnficere	1. verfertigen; beenden; 2. erledigen; erschöpfen
	fluō, flūxī, —, fluere	fließen; strömen
25	malum	das Übel

Engl.: firm, attention, number, stable, to remove, region, to flow.

18

Wdh.: diu, movere, removere, rex, regere, rapere, pugnare, expugnare, nomen, multi, altus, iacere, ducere, relinquere, reliquiae, nox, iacere.

volō, voluī, velle	wollen
nōlō, nōluī, nōlle	nicht wollen
mālō, māluī, mālle	lieber wollen

A	(nēmō) nostrum /vestrum	(niemand) von uns/ euch
	diutius *(Adv.)*	länger
B	quam	als *(b. Vergleich)*
	īra	Zorn
	commoveō, commōvī, commōtum, commovēre	1. bewegen 2. veranlassen
	rēgnum	Königreich; Königswürde; Herrschaft
	at	jedoch; aber
	negāre	1. verneinen; sagen, daß nicht 2. sich weigern 3. verweigern
	dēfessus, a, um	erschöpft
E	dīripiō, dīripuī, dīreptum, dīripere	plündern
	oppūgnāre	bestürmen
	quārtus, a, um	der vierte
	nōmināre	nennen
	socius	Bundesgenosse
	poscō, poposcī, —, poscere	fordern
	multitūdō, multitūdinis f.	Menge
	alō, aluī, altum, alere	ernähren
	castra, castrōrum n.	Lager; Feldlager
	iactāre	1. schleudern 2. prahlen
	dux, ducis	Führer
	contendō, contendī, —, contendere	1. sich anstrengen 2. eilen 3. kämpfen 4. verlangen; behaupten
	reliquus, a, um	übrig
	nē ... quidem	nicht einmal
	mūnīre	befestigen
	noctū *(Adv.)*	bei Nacht
	collis, -is **m.**	Hügel
	sacer, sacra, sacrum	heilig; verflucht
	dēiciō *(sprich: dejikio)*, dēiēcī, dēiectum, dēicere	hinabwerfen; zu Boden werfen; verschlagen; vertreiben

Wk.: dēbēre, dēesse, dēfendere, dēmōnstrāre, dēscendere, dēsinere, dēterrēre, dēvolāre, dēvorāre, dēicere.

Engl.: reign, a quarter, to nominate, duke.

19

Wdh.: capere, accipere, iacere, deicere, conficere, interficere, laetitia, laetus, sedere, possidere, considere, agere, cogere, portare, apportare, instruere, exstruere, convenire, advenire.

A	suscipiō, suscēpī, susceptum, suscipere	unternehmen; auf sich nehmen
	abiciō *(sprich: abjikio)* abiēcī, abiectum, abicere	wegwerfen
	ingenium	Anlage; Begabung
	afficiō, affēcī, affectum, afficere	versehen mit
	laetitiā afficere	erfreuen
B	superbus, a, um	hochmütig; stolz
	obsideō, obsēdī, obsessum, obsidēre	belagern
	paene *(Adv.)*	fast
	cōgō, coēgī, coāctum, cōgere	1. zwingen 2. versammeln

E	trānsportāre	befördern
10	apud *m. Akk.*	bei
	īnfectā rē	erfolglos; unverrichteter Dinge
	recipiō, recēpī, receptum, recipere	zurücknehmen; aufnehmen
	sē recipere	sich zurückziehen
	moveō mōvī, mōtum, movēre	bewegen; veranlassen
	angustiae, angustiārum	Engpaß
15	quasi	gleichsam; als wenn
	iānua	Tür, Eingang
	īnstruō, īnstrūxī, īnstrūctum, īnstruere	1. aufstellen 2. ausrüsten; unterrichten
	circumveniō, circumvēnī, circumventum, circumvenīre	umzingeln
	flamma	Flamme

Engl.: to transport, to move, to instruct, flame.

20

Wdh.: via, multi, multitudo, decem, legere, nuntiare, cadere.

ferō, tulī, lātum, ferre	tragen; bringen; berichten
sīgna ferre	vorrücken
afferō, attulī, allātum, afferre	1. herbeibringen; bringen; zufügen 2. melden
cōnferō, contulī, collātum, cōnferre	1. zusammentragen; zusammendrängen 2. vergleichen
sē cōnferre	sich begeben
arma cōnferre	kämpfen
differō, distulī, dīlātum, differre	1. auseinandertragen 2. aufschieben 3. sich unterscheiden
5 īnferō, intulī, illātum, īnferre	1. hineintragen 2. zufügen
sīgna in hostēs īnferre	die Feinde angreifen
bellum hostibus īnferre	die F. *(in ihrem Land)* angreifen
offerō, obtulī, oblātum, offerre	anbieten
referō, rettulī, relātum, referre	1. zurückbringen; (hin)bringen 2. berichten
pedem referre	sich zurückziehen
tollō, sustulī, sublātum, tollere	1. aufheben; erheben 2. beseitigen

A	pēs, pedis m.	Fuß
10	iter, itineris n.	Marsch; Weg
	iter facere	reisen; marschieren
	aequus, a, um	1. eben; gleich 2. günstig 3. gerecht
	sīn	wenn aber
	miser, misera miserum	elend; unglücklich
	dum	solange
	dum *m. Präs.*	während
15	philosophus	Philosoph
	obviam *(Adv.)*	entgegen
	inīquus, a, um	1. uneben; ungleich 2. ungünstig 3. ungerecht
B	castra movēre	aufbrechen
	multum *(Adv.)*	viel; sehr
20	decimus, a um	der zehnte
	legiō, legiōnis f.	Legion *(röm. Heeresabteilung)*
	frūmentum	Getreide
	fēmina	Frau
	epistula	Brief
25	nūntius	1. Bote 2. Nachricht
	cīvitās, cīvitātis f.	1. Bürgerschaft; Gemeinde; Staat 2. Bürgerrecht
E	cōnsulō, cōnsuluī, cōnsultum, cōnsulere	1. um Rat fragen 2. beraten; beschließen 3. sorgen für
	scrībō, scrīpsī, scrīptum, scrībere	schreiben
	occāsiō, occāsiōnis f.	Gelegenheit
30	valē! (valēte!)	lebe (lebt) wohl!

Engl.: conference, difference, to offer, to relate, city, to consult, occasion.

21

Wdh.: arcere, spes, caedere, auxilium, pax, mittere, amittere, promittere, submittere, vulnerare, sacer, facere, habere, ferre, currere, accurrere, sedere, obsidere, possidere, agere, cogere.

A_2	arx, arcis f.	Burg
	ubi *(Relativum)*	wo
	occupāre	besetzen; beschäftigen
	dēspērāre (dē)	verzweifeln (an)
B	caedō, cecīdī, caesum, caedere	fällen; töten
	augeō, auxī, auctum, augēre	vermehren; vergrößern
	pācāre	unterwerfen
	cohors, cohortis f.	die Kohorte *(Unterabteilung einer Legion)*
	praemittō, praemīsī, praemissum, praemittere	vorausschicken
10	centuriō, centuriōnis m.	Centurio; Hauptmann
	aut	oder
	aut ... aut	entweder ... oder
	vulnus, vulneris n.	Wunde
E	pariō, peperī, partum, parere	hervorbringen; gewinnen
15	sacrificium	Opfer
	prohibeō, prohibuī, prohibitum, prohibēre	fernhalten; hindern
	fortitūdō, fortitūdinis f.	Tapferkeit
	incurrō, incurrī, —, incurrere	hineinrennen; anstürmen
	enim	nämlich
20	praesum, praefuī, praeesse *m. Dat.*	vorstehen; führen
	praesidium	1. Schutz 2. Besatzung; Posten
	peragō, perēgī, perāctum, peragere	durchführen; vollenden

Wk.: accurrere, addere, adesse, advenīre, advocāre, advolāre, adversus; effugere, ēmigrāre, excitāre, exilium, exīstimāre, expūgnāre, exspectāre, exstruere.

Engl.: occupation, to despair, sacrifice, to prohibit.

22

Wdh.: unus, ius, dicere, duo, scribere, legere, colligere, dare.

eō,	iī,	itum,	īre	gehen
abeō,	abiī	abitum,	abīre	weggehen

adīre	herangehen; besuchen; bitten; angreifen
exīre	1. herausgehen; ausziehen 2. zu Ende gehen
5 inīre	1. hineingehen 2. beginnen
cōnsilium inīre	einen Beschluß fassen
praeterīre	vorübergehen; weggehen
redīre	zurückkehren
trānsīre	1. überschreiten; hinübergehen 2. vorübergehen

A tantum *(Adv.)*	nur
10 aliēnus, a, um	fremd
ūnā *(Adv.)*	zusammen
molestē ferre	übel nehmen; sich ärgern (über etw.)
cōnsistō, cōnstitī, —, cōnsistere	sich aufstellen; haltmachen
studēre	sich bemühen; sich widmen
15 inimīcus	1. Gegner; Feind 2. feindlich
iūdicium	1. Gericht; Prozeß 2. Urteil
praetor, -tōris	Prätor; Richter
sīc *(Adv.)*	so; auf diese Weise
B eō *(Adv.)*	dorthin
20 eō ... quō	dorthin ... wohin
dubitāre	1. zweifeln 2. Bedenken tragen
crēscō, crēvī, crētum, crēscere	wachsen
certāre	streiten; kämpfen
E grātiam habēre	dankbar sein
25 iūstus, a, um	gerecht; richtig
eximius, a, um	besonders; ausgezeichnet
iūstitia	Gerechtigkeit
imminēre	drohen; bevorstehen
īnscrībō, īnscrīpsī, īnscrīptum, īnscrībere	daraufschreiben; betiteln
30 colligō, collēgī, collēctum, colligere	sammeln
damnāre	verurteilen
cōnstituō, cōnstituī, cōnstitūtum, cōnstituere	festsetzen; aufstellen; beschließen
varius, a, um	bunt; mannigfaltig
forte *(Adv.)*	zufällig
35 minimē *(Adv.)*	keineswegs
reddō, reddidī, redditum, reddere	1. zurückgeben 2. machen (zu etw.)
maestus, a, um	traurig

Engl.: exit, to study, enemy, to doubt, just, justice, to collect, constitution, various.

23

Wdh.: animus, portare, transportare, adire, fluere, flumen, fluvius, ira, pes, equus, senator, magnus, magister, bellum, iubere, petere, venire, munire, redire, dominus, aurum, suus, mater.

A_1	nauta **m.**	Seemann; Matrose
	animal, animālis n.	Lebewesen; Tier
	ūsus, ūsūs m.	Gebrauch; Nutzen; Erfahrung
	importāre	einführen
5	mare, maris n.	Meer
	portus, -ūs m.	Hafen
	idōneus, a, um	geeignet
	turris, turris f.	Turm
	aditus, -ūs m.	Zugang
10	flūctus, -ūs m.	Flut; Welle
	vīs, *Akk.:* vim, *Abl.:* vī f.	Kraft; Gewalt
	Pl.: vīrēs, vīrium f.	Kräfte; Streitkräfte
	interitus, -ūs m.	Untergang
	īrātus, a, um	zornig
	ventus	Wind
A_2	exercitus, -ūs m.	Heer
	cornū, cornūs n.	1. Horn 2. Heeresflügel
	dexter, dextra, dextrum	der rechte
	sinister, -stra, -strum	der linke
	medius, a, um	1. mitten 2. der mittlere
20	peditātus, peditātūs m.	Infanterie; Fußvolk
	equitātus, equitātūs m.	1. Kavallerie; 2. Ritterstand
	manus, manūs **f.**	1. Hand 2. Schar
B	senātus, -ūs m.	Senat
	officium	Pflicht
25	magistrātus, magistrātūs m.	1. Beamter 2. Amt; Behörde
	domī bellīque	in Krieg und Frieden
	iussū	auf Befehl
	prōvincia	Provinz; Amtsbereich
	terrā marīque	zu Lande und zu Wasser
30	gerō, gessī, gestum, gerere	tragen; (aus)führen
	impetus, impetūs m.	Angriff; Ansturm; Schwung
	ēventus, -ūs m.	Ausgang; Erfolg
	moenia, moenium n.	Stadtmauer
	reditus, -ūs m.	Rückkehr
35	domus **f.**: domūs, -uī, -um, -ō; domūs, -ōrum, -ibus, -ōs, -ibus	Haus
	aureus, a, um	golden, vergoldet
E	error, errōris m.	1. Irrtum 2. Irrfahrt
	dēferō, dētulī, dēlātum, dēferre	1. hinbringen; verschlagen 2. überbringen; übertragen
	suī	die Seinigen (Ihrigen); seine (ihre) Leute
40	mātrimōnium	Ehe
	in mātrimōnium dūcere	heiraten

Engl.: animal, use, to import, tower, office, event, error.

24

Wdh.: videre, causa, orator, orare, dare, reddere, liber, liberi, liberare, magnus, ius, iustitia, iustus, sedere, obsidere, possidere, praesidium, advenire, convenire, eventus, medius, tollere, tenere, retinere, socius, ducere, dux, bellum, manus, dare, cupere, cupidus, legere, colligere.

A	prōvidēre *m.Dat.*	sorgen für
	m.Akk.	vorhersehen; besorgen
	tūtus, a, um	geschützt; sicher
	invidia	Neid
	sōlus, a, um	allein
5	prīncipātus, -ūs m.	Vormacht; führende Stellung
	dētegō, dētēxī, dētēctum, dētegere	entdecken; aufdecken
	accūsāre	anklagen
	ōrātiō, ōrātiōnis f.	Rede
	crēdō, crēdidī, crēditum, crēdere	glauben; anvertrauen
10	lībertās, -tātis f.	Freiheit
	māiōrēs, māiōrum m.	Vorfahren
	trādere	übergeben; überliefern
	coniūrāre	sich verschwören
	coniūrātiō, coniūrātiōnis f.	Verschwörung
15	adhūc *(Adv.)*	bis jetzt; noch
B	subsidium	Reserve; Hilfe
	adventus, -ūs m.	Ankunft
	in animō habēre	vorhaben
	(d)ē mediō tollere	beseitigen; ermorden
E	obtineō, obtinuī, obtentum, obtinēre	1. innehaben; behaupten 2. erhalten
	mūtāre (in)	verändern (zu); wechseln
	societās, -tātis f.	Bündnis
	dēdūcō, dēdūxī, dēductum, dēdūcere	hinführen; wegführen
	bellāre	Krieg führen
25	mandāre	1. übergeben 2. auftragen
	cupiditās, -tātis f.	Begierde
	indūcere	1. hineinführen 2. verleiten
	neglegō, neglēxī, neglēctum, neglegere	nicht beachten; vernachlässigen
	et *vor HS*	und tatsächlich

Engl.: to provide, detective, to accuse, credit, liberty, tradition, to neglect.

25

Wdh.: civitas, navigium, nauta, augere, finire, considere, sedere, obsidere, possidere, subsidium, praesidium, venire, advenire, convenire, invenire, senatus, senator, ducere, deducere, inducere, dux, ascendere, conscendere, descendere.

A	urbs, urbis f.	Stadt; Hauptstadt
	cīvis, cīvis m.	Bürger
	classis, classis f.	Klasse; Flotte
	nāvis, nāvis f.	Schiff
	nāvis longa	Kriegsschiff
5	pars, partis f.	1. Teil 2. Seite; Richtung
	ars, artis f.	Kunst
	gēns, gentis f.	Sippe; Stamm
	clādēs, clādis f.	Niederlage
	auctor, -ōris m.	Urheber; Anstifter
10	fīnis, fīnis **m.**	1. Grenze 2. Ende
	fīnēs, fīnium **m.**	das Gebiet
B	mēnsis, mēnsis **m.**	Monat
	sēdēs, sēdis f.	Sitz; Wohnsitz
	perveniō, pervēnī, perventum, pervenīre	gelangen
	mōns, montis **m.**	Berg
15	cōnsīdō, cōnsēdī, cōnsessum, cōnsīdere	sich setzen; sich niederlassen
	pōns, pontis **m.**	Brücke
	appellāre	anrufen; nennen
	secundus, a, um	1. der folgende; der zweite 2. günstig
	senex, senis m.	1. alter Mann *(ab 45 Jahre)* 2. alt
20	iuvenis, iuvenis m.	1. junger Mann *(bis 35 J.)* 2. jung
D	aetās, aetātis f.	1. Lebensalter 2. Zeitalter
	īgnis, īgnis **m.**	Feuer
E	ferē *(Adv.)*	etwa; beinahe
	mors, mortis f.	Tod
25	prōferō, prōtulī, prōlātum, prōferre	vorwärtstragen; vorschieben
	trādūcō, trādūxī, trāductum, trādūcere	hinüberführen über
	resistō, restitī, —, resistere	sich widersetzen
	lūx, lūcis f.	Licht
	sors, sortis f.	Los; Orakel; Schicksal
30	iugum	1. Joch *(Zugvorrichtung bei Zugtieren)* 2. Bergpaß
	trānscendō, trānscendī, trānscēnsum, trānscendere	übersteigen
	ferrum	Eisen; Schwert
	ferrō īgnīque	mit Feuer und Schwert
	extrēmus, a, um	der äußerste
	orbis, orbis **m.**	Kreis
	orbis terrārum	Erdkreis; Welt
35	ex eō tempore	seit dieser Zeit

Engl.: navy, part, art, author, finally, seat, mountain, second, to resist, extreme.

26

Wdh.: ius, iustus, iustitia, iacere, deicere, abicere, primus, principatus, discedere, recedere, rex, regere, regnum, spes, desperare, velle, valde, ne . . . quidem, magnus, dicere.

A	iniūria	Unrecht
	subiciō, subiēcī, subiectum, subicere	unterwerfen
	barbarus	Barbar; Nichtgrieche
	meā sponte (tuā, suā *etc.*)	aus eigenem Antrieb
5	subeō, subiī, subitum, subīre	auf sich nehmen; herangehen
	obiciō, obiēcī, obiectum, obicere	entgegenwerfen; vorwerfen
B	colloquium	Unterredung
	sēsē	= sē
	prius *(Adv.)*	früher; vorher
10	prīnceps, prīncipis m.	1. Führer; Fürst 2. (als) erster
	cēdō, cessī, cessum, cēdere	1. gehen 2. weichen
	addūcō, addūxī, adductum, addūcere	1. heranführen 2. veranlassen
	optāre	wünschen
	aliud *(Neutr.)*	(etwas) anderes
E	mōs, mōris m.	Sitte
	mōrēs, -um, m.	Sitten; Charakter
	suprēmus, a, um	1. der oberste 2. der letzte
	rēgīna	Königin
	clēmentia	Milde
	spērāre	hoffen
20	vel	oder; oder auch
	invalidus, a, um	schwach
	quidem *(Adv.)*	zwar; wenigstens
	magnitūdō, magnitūdinis f.	Größe
	modestus, a, um	maßvoll; bescheiden
25	praedicāre	laut äußern; rühmen
	trānsfīgō, trānsfīxī, trānsfīxum, trānsfīgere	durchbohren

Engl.: to subject, subject, object, prince, modest.

27

Wdh.: gens, ingenium, bene, facere, modestus, habere, prohibere, cedere, discedere, recedere, rapere, diripere, spectare, species.

hic,	haec,	hoc	dieser, diese, dies(es)
ille,	illa,	illud	jener, jene, jenes
iste,	ista,	istud	dieser da, diese da, dieses da
ipse,	ipsa,	ipsum	selbst (persönlich, gerade, genau, unmittelbar)
īdem,	eadem,	idem	derselbe, dieselbe, dasselbe

A	genus, generis n.	1. Geschlecht; Abstammung 2. Gattung; Art
	dīversus, a, um	entgegengesetzt; verschieden
	beneficium	1. Wohltat; Gefälligkeit 2. Gunst
	modestia	Bescheidenheit
5	mēns, mentis f.	Sinn; Verstand
	adhibeō, adhibuī, adhibitum, adhibēre	hinzuziehen; anwenden
B	stringō, strīnxī, strictum, stringere	(das Schwert) ziehen
	rīpa	Ufer
10	prōcēdō, prōcessī, prōcessum, prōcēdere	vorrücken; Fortschritte machen
	celeriter *(Adv.)*	schnell
	impedīre	hindern; verhindern
	ēripiō, ēripuī, ēreptum, ēripere	entreißen; befreien
E	incendō, incendī, incēnsum, incendere	anzünden
	ōmen, ōminis n.	Vorzeichen
15	perspiciō, perspexī, perspectum, perspicere	durchschauen; erkennen
	ūniversus, a, um	gesamt; allgemein; *Pl.:* alle
	solvō, solvī, solūtum, solvere	lösen; zahlen
	secō, secuī, sectum, secāre	schneiden; zerschneiden
	vinculum	Fessel; Band
20	interest	es ist ein Unterschied

Engl.: gender, modesty, procession, universe, to solve.

28

Wdh.: arma, armatus, ponere, imponere, altus, alere, petere, impetus, natus, vincere, stare, constare, certare, mare, solvere, alius.

A_1	crās *(Adv.)*	morgen
B	rūmor, -ōris m.	Gerede
	armāre	ausrüsten; bewaffnen
	dispōnō, disposuī, dispositum, dispōnere	1. aufstellen 2. verteilen
5	altitūdō, altitūdinis f.	1. Höhe 2. Tiefe
	tēlum	1. Geschoß 2. Waffe
	repetō, repetīvī, repetītum, repetere	zurückfordern; wiederholen
E	plūrimī, ae, a	1. die meisten 2. sehr viele
	nātiō, nātiōnis f.	Volksstamm; Nation
10	dēvincō, dēvīcī, dēvictum, dēvincere	(vollständig) besiegen
	dēserō, dēseruī, dēsertum, dēserere	im Stich lassen; aufgeben
	praestō, praestitī, —, praestāre	1. zeigen 2. leisten; erfüllen
	m. Dat.:	3. voranstehen; übertreffen
	praestat	4. es ist besser
	certāmen, certāminis n.	Kampf; Wettstreit
	ōra	Küste
15	maritimus, a, um	Meeres-; am Meer
	mox *(Adv.)*	bald
	certus, a, um	sicher; bestimmt
	nāvēs solvere	die Anker lichten; lossegeln
	alius — alius	1. der eine — der andere 2. teils — teils

Wk.: līber — lībertās; sevērus — sevēritās?; celer (schnell) — celeritās; ūnus — ūnitās. magnus — magnitūdō; multī — multitūdō; fortis (tapfer) — fortitūdō; altus — altitūdō? iūstus — iūstitia; modestus —?; stultus —?; victor —?

Engl.: to repeat, nation, certain.

29

Wdh.: miles, laetus, laetitia, gloria, proelium, spectare, species, perspicere, potentia, posse, facere, afficere, conficere, infecta re, interficere, auxilium, cognoscere, claudere, novus.

A	commīlitō, commīlitōnis m.	Kamerad
	audēre	wagen
	laetor, laetātus sum, laetārī	sich freuen
	glōrior, glōriātus sum, glōriārī (dē)	sich rühmen (*m. Gen.*); prahlen (mit etwas)
5	proelior, proeliātus sum, proeliārī	kämpfen
	hortor, hortātus sum, hortārī; *und* cohortārī	ermahnen; auffordern; anfeuern
	sequor, secūtus sum, sequī *m. Akk.*	begleiten; folgen
	loquor, locūtus sum, loquī	sprechen; sagen
	cōnspicārī (*Stammf. wie* hortārī)	erblicken
10	cūnctārī	zögern
	aggredior, aggressus sum, aggredī	angreifen
B	potior, potītus sum potīrī *m. Abl.*	sich bemächtigen *m. Gen.*
	arbitrārī	meinen; glauben
	polliceor, pollicitus sum, pollicērī	versprechen
15	aestus, aestūs m.	Flut; Brandung; Hitze
	dētrīmentum	Schaden
	reficiō, refēcī, refectum, reficere	wiederherstellen, reparieren
	cōnārī	versuchen
	auxiliārī	helfen
20	versārī	sich aufhalten
E	solēre	pflegen; *oft übersetzt durch das Adv.* gewöhnlich
	incognitus, a, um	unbekannt
	quō factō	1. wodurch; woraufhin 2. (und) dadurch; (und) daraufhin
	interclūdō, interclūsī, interclūsum, interclūdere	abschneiden
	hostem reditū interclūdere	dem Feind die Rückkehr abschneiden
25	renovāre	erneuern; wiederaufnehmen
	quīn etiam	ja sogar

Engl.: aggressor, auxiliary verb, to renew.

30

Wdh.: acies, trahere, facile, audacia, fortitudo, celeritas, celeriter, mittere, amittere, promittere, submittere, malus, malum, augere, auctor, duo, decem, monstrare, demonstrare, pellere, regere, modestus, modestia, mors, dare, addere, tradere, credere.

A_1	ācer, ācris, ācre	scharf; heftig
	pellis, pellis f.	Fell; Haut
	dētrahō, dētrāxī, dētractum, dētrahere	abziehen; wegziehen
	brevis (m. *und* f.), breve (n.)	kurz
5	difficilis (m., f.), difficile (n.)	schwierig
	ingēns (m., f. *und* n.), *Gen.*: ingentis	riesig; ungeheuer
	anguis, anguis m. *oder* f.	Schlange; Drache
	ferōx (m. f. n.) *Gen.*: ferōcis	wild; trotzig
A_2	audāx, *Gen.*: audācis	kühn; frech
10	fortis, forte	tapfer; tüchtig
	celer, celeris, celere	schnell
	negōtium	Beschäftigung; Aufgabe
	committō, commīsī, commissum, committere	1. veranstalten 2. überlassen
	proelium committere	den Kampf beginnen
	omnis, omne	jeder; ganz
	omnēs	alle
15	gravis, grave	1. schwer 2. wichtig 3. ernst
	male *(Adv.)*	schlecht
C	auctōritās, auctōritātis f.	1. Ermächtigung 2. Ansehen; Einfluß
	fore	= futūrum (-am, -um) esse
	scelus, sceleris n.	Verbrechen
	scelus committere	ein Verbrechen begehen
E	crūdēlis, e	grausam
	duodecim	zwölf
	venēnum	Gift
	mōnstrum	Ungeheuer
	vagārī	umherschweifen
25	specus, -ūs m.	Höhle
	expellō, expulī, expulsum, expellere	vertreiben
	surgō, surrēxī, surrēctum, surgere	aufstehen; sich erheben
	modus	1. Art und Weise 2. Maß
	mortālis, e	sterblich
30	immortālis, e	unsterblich
	abdō, abdidī, abditum, abdere (in silva**m**)	verbergen (**im** Wald)

Engl.: difficult, cruel, monster.

31

Wdh.: pellere, expellere, conspicari, species, perspicere, spectare, legere, colligere, neglegere, aggredi, mandare, negotium, ponere, disponere, imponere, invadere, sequi, vinculum.

A_1	minārī	drohen; androhen
	repellō, reppulī, repulsum, repellere	1. zurücktreiben 2. abweisen
	mīrārī	1. sich wundern 2. bewundern
	cōnspectus, cōnspectūs m.	Anblick; Blickfeld
A_2	proficīscor, profectus sum, proficīscī	aufbrechen; marschieren
B	doceō, docuī, doctum, docēre	1. lehren; belehren 2. darlegen
	intellegō, intellēxī, intellēctum, intellegere	bemerken; einsehen; verstehen
	singulī, ae, a	einzeln
	cōnsūmō, cōnsūmpsī, cōnsūmptum, cōnsūmere	verbrauchen
10	prōgredior, prōgressus sum, prōgredī	vorrücken
	fēlīx, *Gen.*: fēlīcis	glücklich
	īnfēlīx	unglücklich
	fugae sē mandāre	fliehen
E	ōtium	Muße; Ruhe
15	dēns, dentis m.	Zahn
	sīve ... sīve	1. entweder ... oder 2. sei es daß ... sei es daß
	prōpōnō, prōposuī, prōpositum, prōpōnere	aufstellen; vor Augen stellen
	sibi prōpōnere	sich vornehmen
	ēvādō, ēvāsī, ēvāsum, ēvādere	entkommen
	cōnsequor, cōnsecūtus sum, cōnsequī	einholen; erreichen
20	vinciō, vīnxī, vīnctum, vincīre	fesseln
	urna	Krug

Engl.: to admire, doctor, intelligent, to consume, dentist.

32

Wdh.: veteranus, pulcher, divitiae, servus, servire, ire, abire, adire, inire, interitus, praeterire, redire, subire, transire, alius, sequi, consequi, cedere, discedere, procedere, recedere, signum, pārēre.

A	vetus (m.f.n.) *Gen.*: veteris **(-e, -a, -um)**	alt
	pulchritūdō, pulchritūdinis f.	Schönheit
	pauper (m.f.n.) *Gen.*: pauperis **(-e, -a, -um)**	arm
	dīves (m.f.n.) *Gen.*: dīvitis **(-e, -a, -um)**	reich
B	perpetuus, a, um	ununterbrochen
	in perpetuum	für immer
	ardeō, arsī, —, ardēre	brennen
	tumultus, tumultūs m.	Lärm; Aufruhr
	orior, ortus sum, orīrī	1. entstehen 2. sich erheben
	oriēns, orientis m.	Orient; Osten
10	mulier, mulieris f.	Frau
	servitūs, servitūtis f.	Sklaverei
	unda	Welle
	pereō, periī, peritum, perīre	untergehen
E	alter, altera, alterum	1. der andere *(von zweien)* 2. der zweite
15	persequor, persecūtus sum, persequī	verfolgen; nachfolgen
	crīmen, crīminis n.	1. Beschuldigung 2. Verbrechen
	succēdō, successī, successum, succēdere	1. unter etw. treten 2. nachfolgen 3. gelingen
	vellus, velleris n.	Fell; Vließ
	īnsīgnis, e	ausgezeichnet
20	appārēre	erscheinen
	coepisse *(Inf. Perf.)*	angefangen haben

Wk.: *Bisher gelernte Adverbien und Partikeln:* aliquandō, anteā, cottīdiē, crās, deinde, dēnuō, diū, diūtius, herī, hodiē, iam, interdum, iterum, māne, mox, noctū, nunc, numquam, nōn, iam, ōlim, paulātim, post, paulō post, posteā, prīmō, prius, quotannīs, saepe, semper, statim, subitō, tandem, tum;
domī, domum, ibi, inde, obviam, procul, rūrsus;
bene, clam, facile, forte, libenter, longē, ita, male, minimē, quam, sīc, sponte, tam, ūnā, valdē;
certē, etiam, ferē, nē ... quidem, paene, prope, quīn etiam, quoque, tamen, tantum,

Engl.: orient, crime, criminal, success, successful, to appear.

33

Wdh.: contendere, providere, fidus, fides, abesse, regere, surgere, rex, regina, regnum, currere, facile, difficilis, facultas, gravis, cautus, incautus, periculum, interitus.

A_1	extendō, extendī, extēnsum, extendere	ausdehnen; ausstrecken
	prūdēns, *Gen.*: prūdentis	klug
A_2	perfidus, a, um	treulos; hinterlistig
	absēns, *Gen.*: absentis	abwesend; in Abwesenheit
5	Iove auctōre	auf Jupiters Veranlassung
	invītus, a, um	widerwillig; gegen den Willen
	incolumis, e	heil; unversehrt
	dīrigō, dīrēxī, dīrēctum, dīrigere	lenken
C	cursus, -ūs m.	Lauf; Kurs
10	facilis, facile (*Adv.*: facile)	leicht
	turpis, turpe	häßlich; schändlich
	saxum	Stein; Fels
	graviter ferre	übelnehmen
	centum (*indekl.* = *nicht deklinierbar*)	hundert
15	dīligēns, *Gen.*: dīligentis	sorgfältig; genau
E	caveō, cāvī, cautum, cavēre *m. Akk.*	sich hüten vor; Vorsorge treffen
	vīgintī	zwanzig
	vīgintī annōs nātus	zwanzig Jahre alt
	adulēscēns, adulēscentis	1. junger Mann 2. heranwachsend
	hospes, hospitis m.	Gast
20	perīculōsus, a, um	gefährlich
	intereō, interiī, interitum, interīre	untergehen; umkommen
	comes, comitis m. *u.* f.	Begleiter(in)
	iuvō, iūvī, iūtum, iuvāre *m. Akk.*	unterstützen; helfen

Engl.: to extend, absent, to direct, course, cautious, hospital.

34

Wdh.: nonnulli, videre, impedire, pes, peditatus, capere, accipere, recipere, suscipere, iacere, abicere, deicere, subicere, vincire, vinculum, rex, regnare, regina, amare, cedere, discedere, procedere, recedere, succedere, ius, coniurare, coniuratio, praeesse, gratia.

A	nūllus, a, um	kein
	videor, vīsus sum, vidērī	scheinen; gut erscheinen
B	expedītiō, expedītiōnis f.	Unternehmung; Fahrt
	dēlīberāre	überlegen
E	asper, aspera, asperum	rauh; unfreundlich
	vultus, -ūs m.	Gesicht; Miene
	excipiō, excēpī, exceptum, excipere	ausnehmen; aufnehmen; auffangen
	coniciō (*sprich: konjikio*), coniēcī, coniectum, conicere	1. werfen 2. zusammenwerfen; vermuten
	in vincula conicere	in Ketten legen; ins Gefängnis werfen
	rēgius, a, um	königlich; Königs-
	amor-, -ōris m.	Liebe
	trīstis, trīste	traurig; finster
	accēdō, accessī, accessum, accēdere	herantreten; hinzukommen
	iūrāre	schwören
	iūs iūrandum *Gen.:* iūris iūrandī	Eid
	praesēns, -entis	anwesend
	grātulārī	gratulieren

Wk.: cautus — incautus; cognitus — incognitus; factus — īnfectā rē; fēlīx — īnfēlīx; amīcus — inimīcus; aequus — inīquus; iūs — iniūria; (validus) — invalidus; invītus; mortālis — immortālis; perītus — imperītus.

Engl.: expedition, to except, present.

35

Wdh.: fides, fidus, perfidus, solere, audere, audax, gaudere, versari, finis, fines, finire, patere, iudicium.

A_1	plērīque, plēraeque, plēraque	die meisten
	cōnfīdō, confīsus sum, cōnfīdere	vertrauen
	soleō, solitus sum, solēre	pflegen; gewöhnlich (tun)
	audeō, ausus sum, audēre	wagen
5	gaudeō, gavīsus sum, gaudēre	sich freuen
	auferō, abstulī, ablātum, auferre	wegtragen
	revertor, revertī *(Perf.)*, revertī *(Inf.)*	zurückkehren
	P. Pf.: reversus	zurückgekehrt
A_2	fīō, factus sum, fierī (*Passiv zu* facere)	1. werden 2. geschehen 3. gemacht werden
	occidēns, occidentis m.	Westen
10	fīnitimus, a, um	benachbart
	patefacere	öffnen
	patefīō, patefactus sum, patefierī	geöffnet werden; gebahnt werden
B	similis, simile *Superlativ:* simillimus, a, um	ähnlich
E	trēs, tria	drei
15	optimus, a, um	der beste; sehr gut
	iūdicāre	1. urteilen 2. erklären zu; halten für
	causam ōrāre *oder* c. dīcere	seine Sache (vor Gericht) vorbringen
	corrumpō, corrūpī, corruptum, corrumpere	1. verderben 2. bestechen
	cremāre	verbrennen
20	ulcīscor, ultus sum, ulcīscī	rächen; sich rächen an

Engl.: to confide, occident, to corrupt.

Erläuterungen zu den Bildtafeln

Schulwesen (1.—4.)

1. Trier, Rheinisches Museum / 2. Pompeji / 3. aus Pompeji / 4. Pompeji

Auch dem jungen Römer blieb der Schulunterricht nicht erspart. Man wurde von Privatlehrern oder in Schulen unterrichtet, doch es gab noch keine besonderen Schulgebäude. Der Unterricht fand entweder im Freien (Abb. 4) oder in Mietshäusern (Abb. 1) statt. Daß er nicht immer ganz reibungslos vonstatten ging, zeigt ein Wandgemälde aus Pompeji (Abb. 4): Links befindet sich eine Gruppe lesender Schüler mit ihrem Lehrer; ein Schüler scheint nicht recht gelernt zu haben, zwei Knaben halten ihn fest, der Gehilfe des Lehrers schlägt, und der Schüler schreit. Ein anderer Schuldiener (ganz rechts) bringt neue Ruten. Es ist nicht ungewöhnlich, daß Lehrer ihre Schüler schlagen; so nennt der römische Dichter Horaz seinen Lehrer „plagosus", das heißt „schlagfreudig".

Das Arbeitsgerät der Schüler bestand entweder aus Schreibtafeln (Abb. 3) oder aus Papyrusrollen (Abb. 1). Die Papyrusrollen beschrieb man mit Feder und Tinte; sie wurden von fortgeschrittenen Schülern benutzt. Die Schreibtafeln bestanden aus zwei oder drei Platten, die in der Mitte vertieft waren. In diese Vertiefungen wurde Wachs gestrichen, in das man mit einem Griffel die Buchstaben einritzte. So konnte man, wenn die Tafel vollgeschrieben war, das Wachs wieder glattstreichen und die Schrift auslöschen. Nach dem Schreiben konnte man die Tafel wie ein Buch zusammenklappen und mit Bändern verschließen.

Wenn die Schüler lesen und schreiben gelernt hatten, wurden sie zu einem anderen Lehrer geschickt, dem grammaticus. Hier lernten sie die lateinische und griechische Sprache und Literatur, Geschichte, Erdkunde, Physik und Astronomie. Besondere Schulbücher kannte man noch nicht; statt dessen benutzte man die griechischen und lateinischen Dichter. Auch die alten Sagen dienten als Unterrichtsstoff. Ein Schüler, der wohl gerade die Geschichte vom Minotaurus gelernt hatte, hat sein neuerworbenes Wissen voll Stolz an eine Hauswand gekritzelt (Abb. 2).

Alltagsleben (5.—10.)

5. Rom, Villa Giulia / 6. München, Glyptothek / 7. Trier, Rheinisches Museum / 8. Trier, Rheinisches Museum / 9. Ostia / 10. Florenz

5. Die kleine Bronzegruppe zeigt einen Bauern beim Pflügen. Er hat zwei Ochsen ins Joch (iugum) gespannt. Der breite Jochbalken ist quer über den Nacken der Tiere gelegt und mit Stricken am Hals festgebunden. Ebenfalls mit Stricken ist ein langer Holzbalken am Joch befestigt, der zwischen den Ochsen nach hinten führt. Am Ende dieses Balkens ist der eigentliche Pflug befestigt. Er ist mit Steinen oder ähnlichem beschwert, damit durch sein erhöhtes Gewicht die Furchen tief genug gezogen werden können. Die ausgestreckten Hände des Bauern hielten einmal die Zügel für das Gespann. (Die rechts stehende Göttin Minerva gehört ursprünglich nicht zu der Gruppe.)

6. Wie noch heute zogen auch damals die Bauern von Zeit zu Zeit in die Stadt, um ihre Waren zu verkaufen. Einen zu Markt ziehenden Bauern zeigt dieses Relief. Vorweg trottet ein Rind, auf dessen Rücken ein paar Lämmer festgebunden sind. Der Bauer trägt über seiner Schulter einen Stock, von dessen Ende ein Hase an seinen Hinterläufen herab-

hängt. Mit seiner rechten Hand faßt er ein Körbchen mit Trauben. Sein Weg in die Stadt führt ihn an einem ländlichen Heiligtum vorbei. Die Mauer des Heiligtums ist schon ein wenig verfallen, ein knorriger Baum reckt seinen Ast durch das Eingangstor. Hinter der Mauer erhebt sich ein verziertes Säulchen, auf dem Opfergaben stehen. Links oben im Heiligtum wird ein kleines Tempelchen sichtbar, in dem sich ein Götterbild befindet. Das Tempelchen scheint in der Luft zu schweben, es ist jedoch nur weiter im Inneren des Heiligtums gedacht.

7. In einem reichen, geflochtenen Korbstuhl sitzt die Herrin des Hauses. Sie stellt ihre Füße auf ein kleines Schemelchen. Zwei Dienerinnen sind damit beschäftigt, ihr das Haar zu ordnen, eine dritte hält ihr einen runden Spiegel vor. Abwartend steht eine letzte Dienerin am Rand. Sie hält einen kleinen Krug in ihrer Hand; einen ähnlichen Krug hat auch die Dienerin hinter der Frau im Arm. Vielleicht enthielten die Krüge Haarwässer oder vornehmes Haaröl. Aus schriftlichen Nachrichten wissen wir, daß sich viele Frauen im römischen Reich ihre Haare färben ließen. Besonders beliebt war es, sie blond zu färben. Möglicherweise ist auch ein solches Farbmittel in den Krügen.

8. Die Familie ist um einen zusammenklappbaren, dreibeinigen Tisch versammelt. Links sitzt die Hausfrau in einem ähnlichen Korbsessel wie beim vorigen Relief. Mit ihren lose in den Schoß gelegten Händen faßt sie eine Serviette. Ihr gegenüber sitzt der Hausherr in einem kräftigen Holzstuhl. Mit seiner Rechten streichelt er einen Hund, der zu ihm emporblickt. Die stehende Tochter hält die Schüssel mit dem Essen in den Händen; es ist Geflügelbraten, vielleicht eine Gans. Ein vierter Familienangehöriger steht noch abwartend hinter dem Tisch.

9. Die verschiedenen beruflichen Tätigkeiten wurden ebenfalls gern im Bild festgehalten. Neben Schustern, Schmieden, Bauern, Fleischern, Ärzten und Lehrern sind oft Händler und Kaufleute dargestellt. Ein solcher Händler hat hier gemeinsam mit seiner Frau einen Marktstand aus einigen großen Kisten und Käfigen errichtet. Die Frau ist soeben dabei, etwas von dem Obst aus den großen Körben zu verkaufen. Sie handeln aber auch mit Geflügel, das wir an dem Balken neben dem Mann hängen sehen. Zum Verkauf bestimmt sind wohl auch die beiden Kaninchen, die vorwitzig ihre langohrigen Köpfe aus den Käfigstäben hervorstrecken. Die beiden Affen, die auf diesem Käfig sitzen, sollen wohl durch ihre Späße möglichst viele Neugierige anlocken, doch scheint ihnen selbst diese Aufgabe nicht sehr viel Spaß zu bereiten.

10. Sehr viel würdiger geht es auf diesem Bilde zu. Es ist kein flüchtig errichteter Marktstand, sondern ein festes Haus. Von ihm sind aber nur zwei Säulen rechts und links zu sehen, auf denen das Dach ruht. Wir blicken mitten in den Geschäftsraum eines Stoffhändlers. Seine Waren sind an großen Stangen unter der Decke befestigt. In bunter Reihe hängen dort Kissen und Bänder nebeneinander. Ein Ehepaar ist mit ein paar Dienern gekommen. Sie haben auf einer Bank im Laden Platz genommen und lassen sich vom Händler und seinem Gehilfen eine Tuchrolle zeigen. Obwohl der Händler seine Ware sicher sehr lobt, scheint die Frau noch nicht recht überzeugt zu sein.

Straße und Wagen (11.—12.)

11. Maria Saal (Kärnten) / 12. Pompeji

11. Für weite Reisen über Land benutzten die Römer bereits vierrädrige Wagen. Der Kutschkasten besteht aus Holz und ist durch Schnitzerei und Profilleisten geschmückt. Der obere Aufbau erfolgte durch Stangen, an denen Stoffplanen verspannt wurden; eine Stoffplane bildete auch das Dach. Durch ein kleines Fensterchen kann man im Inneren des Wagens eine Frau erkennen. Vorn auf dem Kutschbock sitzt in lässiger Haltung der Fahrer; er hält Zügel und Peitsche in den Händen. Er benötigt sie aber nicht, denn die beiden Pferdchen ziehen den Wagen ganz ruhig und gleichmäßig.

12. Für solche Wagen brauchte man natürlich gute Straßen. Als gute Techniker und Ingenieure leisteten die Römer sehr viel im Straßenbau. Besonders sorgfältig wurden Straßen in den Städten angelegt. Sie unterscheiden sich nur wenig von alten Straßen bei uns. Beiderseits der Straße verläuft vor den Häusern ein erhöhter Bürgersteig. Die Bordsteinkante ist durch größere Steine besonders befestigt. Mit großen Steinen ist auch die ganze Straße gleichmäßig gepflastert. Sie ist leicht gewölbt, damit das Regenwasser nach den Seiten ablaufen kann. Damit man sich die Füße beim Überqueren der Straße nicht zu sehr mit Schlamm beschmutzt, gab es an einigen Stellen eigene Fußgängerüberwege. Diese bestehen aus einer Reihe von Steinen, die höher als das übrige Straßenpflaster sind. Dabei war aber immer ausreichender Platz für die Wagenräder berücksichtigt. An Straßengabelungen wurden oft Brunnen errichtet. Für ihre Kosten kamen private Bürger auf, die sich auf diese Weise besondere Verdienste erwerben wollten, oder öffentliche Stellen.

Römisches Haus (13.—16.)

13. Idealhaus / 14. Pompeji / 15. Pompeji / 16. New York, Metropolitan Museum; aus Boscoreale

13. 14. Römische Hausformen sind ebenso bunt und vielfältig wie die modernen. Im allgemeinen wird das römische Haus nur von einer einzigen Familie bewohnt, doch gibt es daneben weitläufige und prächtige Villen, aber auch typische Mietskasernen, die acht, zehn und mehr Geschosse haben konnten. Die Zustände in diesen Mietskasernen waren nicht sehr erfreulich und die Bauweise meist nicht sehr gut. Uns liegen auch zahlreiche Nachrichten über Zusammenstürze solcher Häuser vor. Drei- bis viergeschossige Mietshäuser haben sich nur in der antiken Hafenstadt Ostia erhalten. Das gewöhnliche ist außerhalb von Rom das Einfamilienhaus, von dem uns zahlreiche Beispiele in Pompeji erhalten sind.

Die Bauweise dieser Häuser ist sehr stark vom warmen südlichen Klima bestimmt: Licht und Luft durchdringen das Haus, ein kleines oder größeres Gärtchen liegt im Inneren, um das herum sich schattige Räume gruppieren, von denen aus man auf das Gärtchen blicken kann. Der abgebildete Grundriß zeigt ein Idealhaus (bei den meisten Häusern ist er komplizierter und auch nicht so regelmäßig). — Vestibulum und Fauces bilden den Gang, der in das Haus führt; zwischen ihnen liegt die Tür, die das Innere des Hauses von der Straße trennt. Diese Tür war meist aus Holz. Da die Türen im allgemeinen tagsüber offenstanden, befand sich hinter den Fauces meist noch ein Stoffvorhang, der das Innere des Hauses vor den Blicken der Vorübergehenden schützte. — Den Mittelpunkt des vorderen Hausteiles bildet das Atrium, dessen mittlerer Teil unbedacht ist, so daß Luft und Licht die umliegenden Räume erreichen konnten. (Fenster haben dagegen nur eine ganz untergeordnete Bedeutung.) Das Dach fiel zum Atrium hin ab, so daß das Regenwasser nach innen floß (compluvium); ein vertieftes Becken im Fußboden sammelte das einfließende Wasser (impluvium). Oft war sein Boden mit kostbaren Mosaiken ausgelegt. In der späteren Zeit war das Atrium kein eigentlicher Wohnraum mehr, sondern eine prunkvolle Vorhalle, in der kleine Kapellen für die Laren (die Hausheiligen), Porträts des Hausherrn oder auch Kunstwerke stehen konnten. — Zu beiden Seiten des Atriums liegt eine Reihe gleichförmiger Räume, die als Schlaf- oder Speisezimmer dienen konnten. Die Bedeutung der Alae ist ungewiß. Am Ende des Atriums liegt das Tablinum. Bei einfachen Häusern ohne Peristyl öffnet es sich in der Regel zum Atrium hin, sonst (wie in diesem Fall) zum Peristyl. Das Tablinum ist ein bevorzugter Tagesaufenthaltsraum, von dem aus man seinen Blick auf das kleine Gärtchen im Peristyl schweifen lassen konnte. Um den Aufenthalt in diesem Raum möglichst ungestört zu haben, schlossen sich seitlich ein oder zwei Gänge an, die die Verbindung vom Atrium zum Peristyl herstellten (andron). Die Ausgestaltung des Peristyls hängt von der Größe des Hauses ab; bei kleinen Häusern enthält es nur ein schmales Gärtchen, sonst in der

Mitte ein oder mehrere Wasserbecken, eine Piscina, oft mit Fischen darin, auch Springbrunnen, aber auch kunstvolle Statuen befanden sich hier. Im Rücken des Peristyls liegt die Exedra, ein vornehmer, meist reich ausgeschmückter Aufenthaltsraum. Den direkten Zugang vom Peristyl zur Straße ermöglicht ein schmaler Gang, das Posticum.

Die Bedeutung vieler Räume kann nur bestimmt werden, wenn die Malerei an den Wänden oder Gegenstände, die darin gefunden wurden, einen Aufschluß geben. So können die beiden vorderen Eckräume des Hauses ganz verschiedenen Bestimmungen gedient haben. Wenn sie zur Straße hin geschlossen waren, können sie Abstellräume, Räume für die Bedienung, aber auch Schlaf- oder Speisezimmer gewesen sein. In vielen Fällen allerdings sind sie zum Inneren des Hauses hin geschlossen und öffnen sich nach der Straße. Dann dienten sie als Geschäftsräume, Werkstätten oder auch als Kneipen.

Größere Häuser hatten auch eigene Badeanlagen mit getrennten Räumen für Kalt- und Warmbad. In manchen Häusern hat man recht komplizierte Heizungsanlagen gefunden, die ganz ähnlich wie unsere Zentralheizung funktionierten. Ein besonderer Raum nahm die Heizungsanlage auf; von hier aus wurde die Heißluft in die heizbaren Räume verteilt. Diese heizbaren Räume hatten dann hohle Fußböden und hohle Wände, in die die Heißluft einströmte.

15. Um sich gegen Diebe zu schützen, hatte man an der Haustür Kettenhunde. Einem pompejanischen Hausbesitzer war dies wohl noch nicht sicher genug, er brachte zusätzlich noch ein Fußbodenmosaik mit einem gewaltigen Kettenhund an. Sehr schön kann man die beiden großen Türflügel erkennen, von denen einer weit geöffnet, der andere geschlossen ist. Ein anderer Hausbesitzer begnügte sich bei einer ähnlichen Darstellung nur mit dem Bild eines solchen Hundes, die Haustüren ließ er weg. Um aber ganz deutlich zu machen, wie gefährlich der Hund sei, fügte er die folgenden Worte dem Mosaik hinzu: CAVE CANEM.

16. Das römische Zimmer hatte nur dort Öffnungen, wo auch Zugänge waren. Da die einzelnen Räume ihr Licht vom Innenhof bekamen, gab es kaum Fenster in den Wänden. Um die großen geschlossenen Wandflächen aufzulockern, hat man daher schon früh begonnen, die Wände zu bemalen. Je reicher der Besitzer des Hauses, je wichtiger der Raum, um so prunkvoller sind oft auch die Dekorationen. Diese können sehr unterschiedlich sein; oft sind Sagenszenen dargestellt, oft aber versucht man auch, die Enge des Raumes durch gemalte Scheinlandschaften zu durchbrechen. Eine solche „Illusionslandschaft" sehen wir auch auf dem abgebildeten Ausschnitt. Aufgemalte senkrechte Pfeiler und eine breite Sockelzone sollen eine Art Veranda vortäuschen, von der aus man nach außen blicken kann. Auf der linken Seite wird dem Blick eine Landschaft vorgespiegelt, auf der rechten erhebt sich hinter den „Fenstern" eine reiche und komplizierte Architektur mit Tempeln, Häusern, Toren und Säulen. Durch solche Blicke in (aufgemalte) Fernen hat man die Illusion, sich nicht mehr in einem engen Zimmer zu befinden.

Theaterwesen (17.—20.)

17. Arles, Provence / 18. Neapel, Nationalmuseum; aus Pompeji / 19. Neapel, Nationalmuseum / 20. Brescia, Museo Civico

17. Die Römer kannten zwei Arten von Theatern, die sich in Form und Bedeutung unterschieden. Die ältere Form, die aus dem griechischen Kulturbereich übernommen wurde, ist die des halbrunden Theaters (im Bild rechts), in dem Schauspiele stattfanden (Komödien und Tragödien), aber auch Gesangsdarbietungen. Die bedeutendere und populärere Form war jedoch das ganz geschlossene, ovale Amphitheater (im Bild links), das unseren modernen Stadien verwandt ist. Hier fanden in erster Linie sportliche Veranstaltungen statt, etwa Tierhetzen oder Wagenrennen, hier traten die Gladiatoren auf, hier mußten auch die ersten Christen mit wilden Tieren kämpfen oder wurden als lebende

Fackeln verbrannt. Manche dieser Amphitheater hatten einen sehr komplizierten technischen Apparat; so wissen wir von einem, daß es mit Wasser gefüllt werden konnte und man dann sogar Schiffskämpfe darin veranstaltete. Die Kosten für die Veranstaltungen wurden meist von Privatpersonen oder von den Kaisern getragen, um das Volk bei guter Laune zu halten oder es vor Wahlen zu beeinflussen (panem et circenses). Da man sich bei solchen Veranstaltungen den ganzen Tag über im Theater aufzuhalten pflegte, konnte die Mittagssonne sehr störend werden. So wurden an den Außenwänden lange Stangen angebracht, an denen oben Sonnendächer aus Segeltuch befestigt wurden. Davon sind jedoch nur noch die Befestigungslöcher für die Stangen erhalten.

18. Einen Blick in das Amphitheater von Pompeji gewährt uns dieses Gemälde. Von oben sehen wir in das Oval des Baues hinein, vorn sind die großen Zugänge zu den oberen Rängen, hinter den Bögen liegen die Zugänge zu den unteren und mittleren Rängen. Im Hintergrund des Theaters erkennen wir auch das aufgespannte Sonnendach. Das Gemälde verrät einiges von der lebhaften Stimmung, die in solchen Theatern herrschen konnte. Selbstverständlich bildeten sich oft unter dem Publikum Parteien, die ihre Meinung zunächst mit Worten, dann aber auch sehr handgreiflich gegeneinander austrugen. Eine solche handgreifliche Auseinandersetzung ist hier geschildert. Innerhalb und auch außerhalb des Theaters ist eine üble Schlägerei im Gange, an einigen Stellen (z.B. links vom Theater) liegen auch schon die ersten Toten und Verletzten umher. Zum Glück wissen wir über das hier dargestellte Ereignis auch noch aus einer anderen Quelle recht gut Bescheid, denn der römische Historiker Tacitus beschreibt es (Annales 14, 17):

„Um diese Zeit gab Livineius Regulus ... ein Gladiatorenspiel. Dabei entstand aus einem geringfügigen Anlaß ein entsetzliches Gemetzel zwischen den Kolonisten von Nuceria (einer Nachbarstadt) und von Pompeji. Ausgelassen, wie Kleinstädter nun einmal sind, neckten sie einander zuerst, dann beschimpften sie sich, warfen sich mit Steinen und griffen schließlich zum Schwert. Die Oberhand behielten die Pompejaner, auf deren Gebiet das Spiel stattfand. Viele Nucerianer wurden, durch Wunden übel zugerichtet, nach Rom gebracht, und mancher hatte den Tod von Kindern oder Eltern zu beklagen.“

Dieser Streit hatte so viel Aufsehen erregt, daß der römische Senat den Pompejanern daraufhin für zehn Jahre die Veranstaltung solcher Spiele verbot.

Einer der Pompejaner hat sich später, vielleicht weil er besonders tatkräftig und erfolgreich an dieser Prügelei teilgenommen hatte, die ganze Szene an die Wand seines Hauses malen lassen, so daß sie uns nicht nur schriftlich, sondern auch bildlich erhalten blieb.

19. Das Relief gibt uns einen Einblick in die Aufführung einer Komödie im Theater. Die Schauspieler des griechischen und römischen Theaters trugen Masken, die bestimmte Eigenschaften zum Ausdruck bringen sollten. So gab es etwa den zornigen oder den gutmütigen Alten, die komische Alte, den Maulhelden, den nichtsnutzigen Sohn und viele andere. Welche Komödie auf diesem Relief gemeint ist, läßt sich nicht sagen, doch verrät die Darstellung einiges von ihrem Inhalt: Vor einer reichen Bühnendekoration befinden sich fünf Personen. Auf der rechten Seite kommt der Sohn stark bezecht und laut singend, gestützt von einem Sklaven nach Hause. Eine Musikantin spielt auf der Flöte zu dem wohl eher lauten als schönen Gesang. Noch ahnt der Sohn nicht, was ihn zu Haus erwarten wird, der Zuschauer jedoch sieht es bereits: Der zornige, über das Treiben seines Sohnes erregte Vater hat sich einen kräftigen Stock gegriffen, um auf seine Art mit seinem Sohn die Flöte zu spielen. Vergeblich scheint das Bemühen eines Nachbarn oder Freundes, ihn zu besänftigen und zurückzuhalten.

20. Eines der beliebtesten Kampfspiele römischer Zeit war das Wagenrennen. An diesen Wagenrennen nahmen immer vier Parteien teil, die sich durch ihre Farben unterschieden: So gab es eine grüne, eine weiße, eine rote und eine blaue Partei. Diese Farben kennzeichneten Rennunternehmen, die für die Geld- und Materialbeschaffung aufkamen. Die Gunst des Volkes und der großen Leute war natürlich auf die Zirkusparteien verteilt.

Wir wissen von Caligula, Nero und Domitian, daß sie zu Grün hielten, von Vitellius und Caracalla, daß sie Blau bevorzugten.

Auf dem Relief ist im unteren Teil das Wagenrennen schon in vollem Gange. Zwischen den Gespannen ist eine Mauer, die die Rennbahnen trennt; ihre Endpunkte sind besonders schwierig zu umfahren. Im oberen Teil des Reliefs ist das Tribunal des Circus sichtbar. In der Mitte sitzt der Mann, der die Spiele bezahlt hat. Er entscheidet zugleich in Zweifelsfällen über den Sieg. Eine Inschrift am oberen Rand des Reliefs nennt die Familie der Lampadii, die dem römischen Hochadel angehörte, als Veranstalter.

Das Relief diente als Schmuck für die Außenseite eines Schreibtäfelchens, eines Diptychons (vgl. Abb. 3). Es bestand aus Elfenbein. Die beiden Flügel des zusammenklappbaren Diptychons waren im Inneren vertieft, um die Wachsschicht aufzunehmen, in die die Botschaft eingeritzt wurde. Dieses Diptychon stammt aus der Zeit um 425 n. Chr.

Römische Porträts (21.—26.)

21. Rom, Nationalmuseum; aus Tivoli / 22. Rom, Konservatorenpalast / 23. Kopenhagen, Ny Carlsberg Glyptotek / 24. Dresden, Albertinum / 25. Frankfurt, Liebighaus; aus Fayum (Aegypten) / 26. Neapel, Nationalmuseum (aus Torre Annunciata)

21. Feldherrnbildnis

Es handelt sich um die Ehrenstatue eines unbekannten Mannes, eines Feldherrn, wie der Panzer neben seinem linken Bein zeigt. Natürlich liefen die Feldherrn zu dieser Zeit nicht halbnackt und barfüßig umher. Götter und Heroen dagegen können auf diese Weise dargestellt werden. Wählt man eine solche Form für das Bild eines Menschen, so handelt es sich um einen höheren, dem Leben entrückten Zustand. Die Statue kann also erst nach dem Tode des Dargestellten geschaffen sein.

22. 24. Togastatue und Maskenporträt

Jeder vornehme Römer hatte in der Eingangshalle seines Hauses einen Schrank, in dem die Wachsmasken seiner Vorfahren ruhten. Beim Tode des Familienvaters ließ man nämlich von seinem Gesicht eine Wachsmaske abnehmen, die die Gesichtszüge getreu nachbildete. Zu dieser Maske fügte man eine Inschriftstafel (titulus), auf der Namen und Ämterlaufbahn des Verstorbenen verzeichnet waren. Die Wachsmasken wurden nur zu besonderen Familienfesten und beim Begräbnis hervorgeholt. Schauspieler trugen sie dann im Leichenzug. Ein Schauspieler trug die Maske des eben Verstorbenen und die Abzeichen des höchsten Amtes, das dieser zu Lebzeiten innegehabt hatte.

Die Ahnenschränke vererbten sich immer auf den ältesten Sohn. Man konnte sie gleichzeitig dazu benutzen, eine lange Ahnenreihe nachzuweisen. Da jedoch oft mehrere Söhne im Hause waren, entstand das Bedürfnis, solche Ahnenbilder zu vervielfältigen. Auch war ja das Wachs als Material nicht sehr haltbar. Vielleicht hat die Sitte dieser Leichenmasken auch auf die Entwicklung von Porträtbüsten Einfluß gehabt (Büsten zeigen nicht die ganze Person, sondern nur den Kopf und den Hals).

Kennzeichnend für die Römer ist es, daß die Porträts weniger zur Ehrung als zum feierlichen Gedächtnis der Ahnen angefertigt wurden. So kam es dem Künstler auch nicht so sehr darauf an, den Verstorbenen möglichst prächtig, sondern möglichst getreu mit allen Runzeln und Falten wiederzugeben.

Eine große Gruppe römischer Porträts sieht ganz wie solche Leichenmasken aus; man hat ihr deshalb den Namen „Leichenmaskenporträts" oder „Maskenporträts" gegeben. Ein solches Maskenporträt haben wir in dem Bildnis eines unbekannten Römers (Abb. 24). Anfänglich hatten diese Porträtbüsten noch keine besondere Standfläche, da sie ja im Ahnenschrein lagen. Zwei solcher Ahnenporträts hält ein togabekleideter Römer in seinen Händen (Abb. 25, sog. Togatus Barberini). Es ist sehr ungewöhnlich, daß man seine Ahnen so bewußt zur Schau stellt wie dieser Römer. Er hat aber wohl Gründe dafür. Wahrscheinlich kann er seine Ahnen noch nicht sehr lange nachweisen, und so zeigt er hier zwei von ihnen vor, als wolle er sagen: „Seht her, ich bin einer, der auch Ahnen hat."

23. Pompeius

Einer anderen Porträtrichtung verdanken wir das Bildnis des Pompeius. Der Kopf stammt von einer überlebensgroßen Statue. Dieser Künstler wollte weniger das Gesicht naturgetreu nachbilden als die machtvolle Erscheinung des Dargestellten zum Ausdruck bringen. So hat er alles versucht, um die pathetischen und eindrucksvollen Züge zu steigern.

25. Mumienporträt

Eine besondere Art des Bildnisses gab es in einem Randbezirk des römischen Reiches, in Ägypten. Hier bestand die Sitte, die Toten auf kostbare Weise einzubalsamieren (mumifizieren, Mumien); die einbalsamierten Körper wurden reich mit Bändern und Schmuck umwunden. Vor dem Gesicht aber wurden Holztäfelchen angebracht, auf denen in lebendiger, farbiger Malerei das Gesicht des Toten wiedergegeben war, so als sei er noch unter den Lebenden. Besondere Sorgfalt verwandte man bei Frauenbildnissen auf die Darstellung des Schmucks.

26. Die Sieben Weisen

Neben den Bildnissen von Verwandten oder noch lebenden Personen gab es solche von berühmten Griechen und Römern. Manchmal war von diesen aber nur noch ihr Werk bekannt, nicht mehr ihr Aussehen. Dann mußte die Phantasie zu Hilfe kommen. Ein solches Phantasiebild ist auch das Mosaik mit den sieben Weisen. Dargestellt sind sie als eine Gruppe von gelehrten älteren Herren, die sich im Freien zum Gespräch niedergelassen haben. Einer von ihnen deutet auf einen Globus, der sich in ihrer Mitte befindet, und erklärt vielleicht gerade etwas aus der Geographie. Andere haben Schriftrollen in der Hand, wohl um ihren Äußerungen durch diese „Bücher" mehr Gewicht zu verleihen. Auf einer hohen Säule im Hintergrund ist eine Sonnenuhr angebracht. Auch hier im Freien brauchten unsere Gelehrten also ihre Mittags- oder Abendstunde nicht zu versäumen.

Abbildungsnachweis der Bildtafeln

1: Landesmuseum Trier RD 56,46. / 2: Enciclopedia dell'Arte Antica IV. Rom 1961, S. 437, Abb. 507. / 3: U. E. Paoli, Das Leben im alten Rom, Bern 1961 ², Tafel 72,3. / 4: Th. Schreiber, Kulturhistorischer Bilderatlas I. Altertum, Leipzig 1885, Tafel 99,3. / 5: Alinari Florenz, Nr. 28347. / 6: Antikensammlung München, Foto Nr. 104. / 7: Landesmuseum Trier RD 62,46. / 8: Foto Marburg, Nr. 59211. / 9: Archäologisches Institut der Universität Göttingen. / 10: Alinari Florenz, Nr. 29357. / 11. Nach einem Foto von G. Piccottini, Klagenfurt. / 12: Archäologisches Institut der Universität Göttingen. / 13: Verlagsarchiv / 14: Alinari Florenz, Nr. 39116. / 15: Alinari Florenz, Nr. 43171. / 16: Metropolitan Museum New York / 17: Photo Anderson Rom. / 18: Nach Th. Schreiber, Kulturhistorischer Bilderatlas I. / 19: Musei e Pinacoteca Brescia, Museumsphoto. / 20: Photo Alinari Florenz. / 21: Photo Anderson Rom, Nr. 28853 / 22: Photo Anderson Rom, Nr. 6371. / 23: Ny Carlsberg Glyptotek, Kopenhagen. / 24: Staatl. Kunstsammlungen Dresden. / 25: Liebighaus Frankfurt/M. / 26: Alinari Florenz, Nr. 12199.

Erläuterungen zu den Textabbildungen

Seite

Abbildungen ohne Quellenangabe wurden nach Vorlagen des Archäologischen Instituts der Universität Göttingen aufgenommen.

12 Der Grabstein von der griechischen Insel Paros zeigt das jung verstorbene Mädchen mit seinen Lieblingstieren, zwei Tauben; in stiller Haltung beugt es sich leicht vor, um eine der beiden Tauben auf den Schnabel zu küssen. Das Mädchen ist mit einem wollenen Gewand (Chitón) und Sandalen bekleidet und trägt eine sorgfältig hergerichtete Frisur (griechische Arbeit um 440 v. Chr.). New York, Metropolitan Museum (Museumsfoto).

14 Römische Häuser waren reich mit Bildern ausgemalt (vgl. Tafel 16); neben Landschaften und Sagenbildern finden sich manchmal auch Darstellungen aus dem täglichen Leben. Aus einem Haus in Herculanum stammen eine Anzahl kleiner Bildchen, auf denen geflügelte Liebesgötter, sog. Amoretten, Kinderspiele treiben. Auf dem oberen Bild ziehen zwei Amoretten einen Wagen, den ein dritter lenkt; auf dem unteren Bild spielen sie Verstecken: Einer steht mit verdeckten Augen vor der Wand — vielleicht muß er dabei bis 10 oder 100 zählen —, ein weiterer läuft gerade fort, hinter der Tür kann man einen dritten verschwinden sehen (um 50 n. Chr.). Neapel, Nationalmuseum (Foto: Anderson, Rom).

15 Zu den vornehmsten Sportarten der Athener Jugend gehörte das Reiten und die Beschäftigung mit Pferden. Hier ist ein solcher attischer Junge mit seinem Lieblingspferd abgebildet. Er trägt die Tracht der Reiter, ein kurzes über die Schulter geworfenes Mäntelchen und den Reiterhut. Offenbar ist das Pferd etwas nervös, denn der Junge hat es sehr kurz am Zügel gefaßt (Art des Frauenbad-Malers, um 430–420 v. Chr.). Berlin, Mus. F 2357 (Museumsfoto).
Dieses Bild stammt von einer attischen, d. h. in Attika oder sogar dessen Hauptstadt Athen hergestellten Vase. Der Figurenumriß wurde auf das fertige Tongeschirr, die sog. Vase gezeichnet; der Hintergrund sollte schwarz werden, ebenso die dünn eingezeichneten Einzelheiten. Da die Figuren wegen des Tongrundes rot hervorleuchten, spricht man heute von „rotfigurigen Vasen". Lange wußte man nicht, wie diese schwarze Färbung erzeugt wurde, man dachte an schwarze Farbe oder Firnis. Heute weiß man, daß es sich um einen Tonschlicker mit mineralischen Zusätzen handelt, der erst beim Brennen des Gefäßes seine schwarze Färbung erhält.

17 Auf diesem Wandbild aus Ostia, dem Hafen von Rom, ist das Gelage in vollem Gange. Um den runden Tisch sitzen die Gäste, die durch Namensbeischriften gekennzeichnet sind. In der Mitte sitzt vielleicht der Gastgeber, der mit erhobener Hand entweder seine Worte unterstreichen will oder einen neuen Gang bestellt. Das Gemälde stammt aus einem Grab und soll zeigen, daß auch im Jenseits die Lebensfreuden nicht aufhören (3. Jh. n. Chr.). Rom, Vatikanische Bibliothek (Museumsfoto).

19 Das Relief ist sicher keine ganz ernstgemeinte Schilderung. Es läßt sich nicht sagen, ob wirklich an eine dressierte Zirkusnummer gedacht ist oder ob man sich über die Begeisterung der Römer für Wagenrennen lustig machen wollte. Statt des Lenkers ist hier ein kauernder Affe wiedergegeben, bei dem man den Eindruck hat, daß er jeden Moment von seinem Sitz herunterpurzelt; statt der Pferde sind zwei Kamele vorgespannt. Auch

die Wagenform ist nicht die übliche (vgl. Tafel 11), sondern mehr die Form eines kleinen Schiffchens. Das ganze Bild sollte belustigen und komisch wirken (2. Jh. n. Chr.). Rom, Nationalmuseum (Foto: Deutsches Archäolog. Inst. Rom).

21 Das Bild des sog. Redners wurde in der Nähe des Trasumennischen Sees in Mittelitalien gefunden. Unten an der Bronzefigur befindet sich eine etruskische Inschrift, die uns den Namen des Mannes nennt: AVLE METELE. Er trägt ein wollenes Untergewand (Túnica), darüber einen Mantel von halbrundem Zuschnitt (Tóga). Mit großer Sorgfalt sind die halbhohen Stiefel mit dem reichen Riemenwerk wiedergegeben (Cálcei). Avle Metele war wohl Mitglied des römischen Senats; mit weit ausholender Handbewegung unterstreicht er gerade seine Rede (etruskisch um 100 v. Chr.). Florenz, Archäolog. Mus. (Foto: Alinari, Florenz).

24 Kopf der Capitolinischen Wölfin. Nach einem Bericht des römischen Politikers Cicero soll im Jahre 65 v. Chr. der Blitz ein bronzenes Standbild der Wölfin auf dem Capitol umgeworfen haben. Zwei starke Verletzungen an den Hinterbeinen dieser Figur (hier nicht abgebildet) könnten von jenem Blitzschlag herrühren. Die Zwillinge Romulus und Remus, die damals ebenfalls schwer beschädigt wurden, fehlen heute. Es ist wohl die älteste Darstellung der römischen Wölfin, noch aus dem 5. Jh. v. Chr. und sicher von einem etruskischen Künstler geschaffen. (Die Etrusker haben vor den Römern Mittelitalien beherrscht.) Sehr gut ist die Wildheit des Tieres mit seinem weit aufgerissenen Maul getroffen. Rom, Konservatorenpalast.

27 Militärparade. Relief vom Sockel einer Gedenksäule für den verstorbenen Kaiser Antonínus Pius in Rom (nach 161 n. Chr. errichtet). Der Sockel, auf dem einst eine Ehrensäule stand, trägt die Inschrift: DIVO ANTONINO · AUG · PIO / ANTONINUS · AUGUSTUS · ET / VERUS · AUGUSTUS · FILII. Der Sockel ist mit Reliefs geschmückt. Auf der Hauptseite entführt ein geflügeltes Wesen den verstorbenen Kaiser und seine Frau Faustína die Ältere zu den Göttern. Auf den Nebenseiten sehen wir große militärische Ehrenparaden, die wohl bei der Bestattungsfeier durchgeführt wurden. Außen (hier nicht zu sehen) ein Zug von Reitern, innen eine Gruppe von Infanteristen (milites); nach den Feldzeichen, die die Signíferi tragen, handelt es sich um Prätorianer, also die Leibgarde des Kaisers. Rom, Vatikan (Museumsfoto).

35 Der Fabeldichter Aesóp soll einst Sklave gewesen sein. Später wurde er freigelassen und verbrachte einige Zeit am Hof des lydischen Königs Kroisos. 564 v. Chr. wurde er bei einem Streit in Delphi erschlagen. So schön seine Fabeln sind, so häßlich muß der Dichter ausgesehen haben. Das griechische Vasenbild übertreibt dies fast noch: Die Figur ist ganz verwachsen, mit einem Buckel und einem viel zu großen Kopf; das Haar, das die Stirn weit freiläßt, bedeutet nach griechischer Auffassung schon fast einen Kahlkopf. Seine Erzählungen wirkten der Natur so gut abgelauscht, daß man meinen konnte, die Tiere selbst hätten sie ihm erzählt. So ist wohl auch der Sinn dieses Vasenbildes zu verstehen, auf dem ein Füchslein eifrig mit erhobener Pfote auf Aesop einredet (Maler von Bologna 417; um 450 v. Chr.). Rom, Vatikan.

36 Ausschnitt aus einem großen Marmorstadtplan Roms, der FORMA URBIS. Der Stadtplan wurde am Ende des 2. Jh.s n. Chr. an der Rückseite des Friedenstempels (templum pacis) angebracht. Nicht nur die einzelnen Straßenviertel sind eingetragen, sondern auch die Grundrisse der wichtigsten Gebäude. Da die meisten Bauten mit Beischriften bezeichnet sind, können wir uns heute ein recht genaues Bild vom alten Rom machen. Auf dem Ausschnitt ist ein Teil des Forum Transitorium mit dem Minervatempel zu sehen (MINERBAE). Rom, Ufficio della Comissione Archeologica.

41 Ausschnitt aus einem großen römischen Relief, das in der Form von modernen Bildergeschichten in vielen Bildchen den Inhalt der Ilias und die Eroberung Trojas schildert. Wir sehen die zinnenbewehrte Stadtmauer von Troja, im Inneren einzelne Häuser, in der Mitte einen Platz mit Tempel. Der Kampf ist bereits in vollem Gange, obwohl noch nicht alle Griechen aus dem hölzernen Pferd geklettert sind. Eine Trojanerin, die versucht, sich im Tempel zu retten, wird von einem Griechen an den Haaren zurückgerissen (Kassandra und Ajax).
Die Darstellung ist historisch nicht richtig; Troja sah, wie wir heute wissen, ganz anders aus. Der Künstler hat alle Einzelheiten wie die Mauer, die Form der Säulenhalle und den Tempel im Sinne seiner Zeit „modern" gesehen.
Wir besitzen die Reste von mehreren ähnlichen Tafeln (tabulae Iliacae); sie dienten wohl als Anschauungsmaterial für den Schulunterricht (2. Jh. n. Chr.). Rom, Capitol.

44 Herakles ringt mit dem Löwen. Griechisches Vasenbild. Die Vase ist in einer älteren Technik bemalt als die von Seite 15. Während bei dieser älteren Technik die Figuren schwarz auf dem roten Tongrund stehen, wurden später die Figuren auf dem roten Tongrund ausgespart, das übrige drumherum jetzt schwarz; daher kommen die Bezeichnungen „schwarzfigurig" und „rotfigurig". Der Wechsel zwischen den beiden Techniken fand in Athen um 530/20 v. Chr. statt.
Der Künstler hat die Figuren überzeugend in das runde Bildfeld eingefügt, ohne zu viel Platz zu verschenken und ohne die Komposition unnatürlich wirken zu lassen. Beachte, wie sich Herakles und der Löwe von der runden Begrenzungslinie abstützen, wodurch die Kampfanstrengung unterstrichen wird! Neben Herakles ist mit griechischen Buchstaben sein Name beigeschrieben. Von einer Schale des attischen Töpfers Ergótimos (um 560 v. Chr.). Berlin, Museum Inv. 3151 (Museumsfoto).

47 Dädalus und Ikarus befinden sich vor einer Ziegelwand, also wohl im Inneren eines Hauses. Während Ikarus die Flügel bereits angeschnallt hat und reisefertig ist, legt Dädalus noch letzte Hand an seine eigenen Flügel. Das Relief soll die Kunstfertigkeit des Dädalus zum Ausdruck bringen; daher sind die Flügel Feder für Feder mit besonderer Sorgfalt und Liebe wiedergegeben (1. Jh. n. Chr.). Rom, Villa Albani.

54 Herakles reinigt den Aúgiasstall. Am Zeustempel von Olympia sind in zwölf Reliefbildern die berühmten Taten des Herakles dargestellt. Die griechische Kunst dieser Zeit begnügte sich meist mit den wesentlichen Teilen der Erzählungen; so reicht hier das kraftvolle Ausholen mit dem Spaten, unterstützt von der Haltung der Göttin Athena, um jedem Betrachter zu verdeutlichen, welche Tat gemeint ist. Wie hätte der Künstler auch sonst die Umleitung des Flusses darstellen sollen? (um 460 v. Chr.). Olympia, Museum.

57 Kopf eines sterbenden Galliers. Struppiges, borstiges Haar, ein großer Schnauzbart und der gedrehte Ring um den Hals lassen den Barbaren, den Gallier erkennen. Es ist eine römische Wiederholung einer griechischen Figur aus einer größeren Figurengruppe. König Attalos von Pérgamon (in Kleinasien) hatte diese Gruppe zur Erinnerung an seine Siege über die Gallier, die auf ihrer Völkerwanderung bis in die heutige Türkei vorgedrungen waren, einst errichten lassen (Ende 3. Jh. v. Chr.). Rom, Capitol (Foto: Anderson, Rom).

61 Griechischer Krieger in voller Rüstung (Hoplít). Zu den Rüstungsstücken gehören der korinthische Helm mit hohem Helmbusch, der Brustpanzer, die Beinschienen, der Schild und die (heute verlórene) Lanze in der erhobenen rechten Hand. Weit ausschreitend ist der Krieger mitten im Kampf dargestellt, bereit, mit der Lanze zuzustoßen. Das nur

13 cm hohe Bronzefigürchen bildete einst den Schmuck eines Metallgefäßes; vielleicht war dem Krieger gegenüber auch sein Gegner angebracht (korinthische Arbeit, um 500 v. Chr.). Berlin, Museum; Misc. Inv. 7470 (Museumsfoto).

62 Lebensgroßer Kopf von der Marmorfigur eines angreifenden Kriegers. Da die Figur in Sparta gefunden wurde und bald nach 480 v. Chr. geschaffen wurde, nimmt man an, daß es sich um ein Bild des großen spartanischen Königs Leónidas handelt. Er trägt einen Helm gleicher Form wie das Bronzefigürchen S. 61; Einzelheiten waren einst mit Farbe verdeutlicht. Der Helm besitzt verzierte Wangenklappen mit der Darstellung von Widderköpfen; das ist ganz passend, denn der Widder galt als angriffslustiges Tier. Die Augen des Kriegers waren einst aus besonderem Material eingesetzt. Sparta, Museum (Foto: Deutsches Archäolog. Inst., Athen).

67 König Daríus. Ausschnitt aus einem Relief vom Schatzhaus in Persépolis. Auf dem ganzen Relief ist der thronende König Darius inmitten von Höflingen und Gesandten dargestellt (5. Jh. v. Chr.).

68 Der Dichter Horaz. Um die Mitte des 4. Jh.s n. Chr. begann man in Rom mit der Prägung einer Gruppe münzähnlicher Medaillen, sog. Contorniaten, die vielleicht als Eintrittsgeld, vielleicht als Neujahrsgeschenke gedacht waren. Bei diesen Contorniaten gibt es auch eine Serie, die Bildnisse berühmter lateinischer Dichter zeigt. Die Gesichtszüge — hier Horaz (ORATIUS) — sind so allgemein, daß man nur schwer eine Vorstellung vom wirklichen Aussehen des Dichters gewinnen kann. Die Schreibweise des Namens ohne das H verweist auf eine Zeit, in der man im Lateinischen, wie heute in den romanischen Sprachen, das h nicht mehr aussprach (5. Jh. n. Chr.).

71 Pharus ist der Name einer kleinen Insel vor dem Hafen von Alexandría. Hier stand ein berühmter Leuchtturm, eines der sieben Weltwunder. Später wurde Pharus als Bezeichnung für alle ähnlichen Leuchttürme gebraucht, so auch für den von Ostia, der auf dem Mosaik abgebildet ist. Er hat einen stufenartigen Aufbau; oben brennt das Leuchtfeuer (2. Jh. n. Chr.).

73 Blendung des Polyphém; von einer Caeretáner Hýdria. Caeretaner Hydrien nennt man eine Gruppe sehr ähnlicher Wasserkrüge nach ihrem Hauptfundort Caere (heute: Cerveteri) in Etrurien; sie sind das Erzeugnis einer einzigen Werkstatt, die in schwarzfiguriger Technik zwischen 530 und 510 v. Chr. arbeitete.
Drei Männer in kurzem Mäntelchen (Chitón) rammen den Spieß ins Auge des Kyklopen; das Unternehmen wird im Hintergrund von einer vierten Person, Odysseus, gelenkt. Im Vergleich zu den Männern ist Polyphem riesig; sein Haar ist lang und struppig; in der rechten Hand hält er den gewaltigen Trinkbecher (um 520 v. Chr.). Rom, Villa Giulia (Foto: Hirmer-Verlag, München).

76 Perikles. Römische Kopie nach griechischem Original (um 430 v. Chr.). Durch den attischen Helm ist Perikles in seiner Eigenschaft als Feldherr gekennzeichnet. (Vergleiche den korinthischen Helm S. 61, 62.) Er hat den Helm weit zurückgeschoben, so daß die Augenschlitze und der Nasenschutz sich oberhalb der Stirn befinden. Perikles soll einen „Zwiebelkopf" besessen haben, was hier durch die noch zwischen den Augenschlitzen sichtbaren Haare gezeigt wird. Rom, Vatikan (Museumsfoto).

80 Alexander und Daríus III. Ausschnitte aus einem großen Mosaik in Pompeji. Das Kampf-
81 mosaik geht auf ein griechisches Gemälde der Zeit um 320 v. Chr. zurück. Es befand sich ursprünglich wohl in Alexandría, ist aber von den Römern geraubt und in Pompeji wieder angebracht worden. Die Gesichter der Gegner sind sehr lebendig wiedergegeben, der Gegensatz zwischen dem jugendlichen Alexander mit frei wehendem Haar und dem

älteren bärtigen Darius mit seiner hohen persischen Mütze kommt gut heraus. Neapel, Nationalmuseum (Foto: Anderson, Rom).

86 Caesar (Münzporträt)

91 Das Relief ist wichtig für unsere Vorstellung vom Aussehen der römischen Kriegsschiffe. Sichtbar ist das Vorderteil des Schiffes mit hoch aufgezogenem Bug. Zwei Reihen von Rudern sind zu sehen, doch sind die Ruderer selbst nicht sichtbar; sie befinden sich unter Deck. Darüber sieht man viele Lanzenspitzen von der Kriegsmannschaft, die sich aber ebenfalls unter Deck befindet. An der Reling hängt eine Anzahl von Rundschilden. Auf Deck befinden sich die leitenden Offiziere mit Begleitsoldaten. Der Schiffskommandant steht voll bewaffnet in der Mitte; er ist an seiner Feldherrnbinde kenntlich. Zu besonderem kriegerischem Zweck diente wohl der turmartige Aufbau im Vorderschiff. Vorn am Bug lehnt eine mit Binden geschmückte Stange, die Standarte des Schiffes; das eigentliche Schiffswappen ist wohl das unten angebrachte Krokodil. Da auch andere Schiffe auf dem gleichen Relief dieses Krokodil zeigen, ist es eine Art Flottenabzeichen. Der Heimathafen könnte dann an der Nilmündung gelegen haben (1. Jh. v. Chr.). Rom, Vatikan (Foto: Anderson, Rom).

98 Schwarzfiguriges Vasenbild mit dem Kampf zwischen Herakles und der Hydra. Besonderen Spaß hatte der Maler an dem wilden Geknäuel des schlangenartigen Ungetüms (Ende 6. Jh. v. Chr.). Paris, Louvre F 386 (Museumsfoto).

102 Das Caeretaner Vasenbild (vgl. S. 73) schildert den Ausgang des Abenteuers mit dem Eber. Herakles hat sich das besiegte Ungeheuer auf die Schulter geworfen und kommt so in den Palast des Eurystheus marschiert. Dieser springt vor Schreck in das nächstgelegene Weinfaß, das nur mit dem oberen Teil aus dem Boden herausguckt (um 530 v. Chr.). London, British Museum B 213 (Museumsfoto).

105 Phrixos und Helle fliehen auf dem Widder über das Meer. Um das Meer sichtbar zu machen, hat der Maler verschiedene sagenhafte Meerwesen unten dargestellt (Maler Meidias, um 410 v. Chr.). Neapel, Nationalmuseum.

111 Jason zähmt die Stiere. Darstellung von einem römischen Sarkophag. Rechts der auf dem Thron sitzende Aietas, König der Kolcher (2. Jh. n. Chr.). Wien, Kunsthistorisches Museum (Museumsfoto).

114 Jason raubt das Goldene Vlies. Links steht Medea und streckt dem als Schlange gegebenen Drachen eine Schale mit Zaubertrank entgegen. Währenddessen ist Jason auf ein Podest geklettert und schneidet das hier sehr kümmerlich wirkende Vlies vom Baum. Die ganze Darstellung ist ein wenig steif und unnatürlich; auch die Größenverhältnisse stimmen nicht recht. Es handelt sich um eine nicht ganz geglückte Nachahmung eines älteren Vorbildes (Stuckrelief aus einer unterirdischen Basilika bei der Porta Maggiore in Rom; 50 n. Chr.).

115 Euripides (485/80 bis 407/6), Verfasser der Tragödie „Medea“. Neapel (Foto: Alinari, Florenz).

ISBN 3-525-71359-2